# Ce qu'aimer veut dire

Mathieu Lindon

# Ce qu'aimer veut dire

*P.O.L*
33, rue Saint-André-des-Arts, Paris 6<sup>e</sup>

# LES LARMES AUX YEUX

En cherchant un livre, je tombe sur un autre – à quel lecteur, quel auteur n'est-ce jamais arrivé? Pour vérifier un accord, je veux mettre la main sur une grammaire et je trouve un recueil de textes en anglais de Willa Cather acheté il y a des siècles dans une librairie new-yorkaise et que je n'ai jamais ouvert. J'adore les romans et nouvelles de cette Américaine qui me mettent les larmes aux yeux par la douceur et la générosité avec lesquelles ils racontent la sobre brutalité de l'affrontement avec la vie. Mais ce recueil destiné aux plus de quarante ans n'est pas de la fiction. Il y a un texte sur *Joseph et ses frères* de Thomas Mann, un autre sur Katherine Mansfield, ça a tout pour m'intéresser et cependant je n'y ai jamais posé les yeux depuis mon achat.

Le titre du premier texte est « A Chance Meeting », « Une rencontre de fortune » pourrais-je traduire après l'avoir lu. Car la première phrase m'accroche sans avoir pourtant rien d'extraordinaire (« Cela s'est passé à Aix-les-Bains, un des endroits les plus agréables au monde ») et je ne perds plus un mot. Willa Cather, âgée de cinquante-trois ans en ce mois d'août 1930, était descendue au Grand Hôtel, accompagnée d'un être proche dont la langue anglaise lui permet de ne pas préciser le genre mais que, comme souvent quand demeure cette imprécision, je soupçonne d'être du même sexe, ce que me confirme une biographie. L'amie était Edith Lewis, intime de l'écrivain. Séjourne également à l'hôtel une vieille femme française, âgée d'au moins quatre-vingts ans, qui prend tous ses repas seule et monte dans sa chambre après dîner, à moins qu'elle ne ressorte pour qu'un chauffeur l'emmène écouter un opéra.

Un soir qu'il n'y a pas opéra, elle est en train de fumer dans le salon de l'hôtel et adresse la parole à Willa Cather, lui recommandant de parler simplement, elle-même, par manque de pratique, ne maîtrisant plus aussi bien l'anglais qu'auparavant. Elle vit à Antibes mais raffole de la musique qu'on peut entendre à Aix, évoquant Wagner et César Franck. Quelques jours plus tard, l'écrivain et son amie retombent sur cette octogénaire. Alors qu'il est question de la révolution soviétique, Edith Lewis exprime son sentiment que c'est une chance pour les grands écrivains russes, Gogol, Tolstoï, Tourgueniev, de n'avoir pas vécu assez vieux pour la connaître. « Ah oui, dit la vieille dame, surtout Tourgueniev, tout cela aurait été terrible pour lui. Je l'ai bien connu à une époque. »

Willa Cather écrit avoir été stupéfaite puis avoir réfléchi que c'était possible, que cette femme était si âgée qu'elle avait pu connaître Tourgueniev, même si c'était la première personne qu'elle rencontrait à être dans ce cas. La vieille dame sourit et répond qu'elle le voyait souvent jeune fille, que Tourgueniev, parce qu'il était un grand ami de son oncle, corrigeait sa traduction de *Faust*, et Willa Cather note que l'excitation de la femme grandit en lui parlant, que sa voix devient plus chaude et ses yeux plus brillants. La vieille dame continue : « Ma mère est morte à ma naissance, et j'ai été élevée dans la maison de mon oncle. Il était plus qu'un père pour moi. Mon oncle aussi était un homme de lettres, Gustave Flaubert, vous connaissez peut-être... » Willa Cather signale que ces derniers mots sont dits sur un ton étrange, comme si la vieille femme commettait une indiscrétion, et que leur sens ne lui vient que lentement, la découverte que cette octogénaire devant elle est la « Caro » des *Lettres à sa nièce Caroline*, livre que, grande admiratrice de Flaubert, elle a naturellement lu. Et elle est émue, frappée comme par une montagne de souvenirs, comme si les grandes heures du XIXᵉ siècle littéraire français étaient soudain devenues si proches qu'elle pouvait presque s'en saisir.

J'adore chez Willa Cather la bienveillance et la noblesse spontanées avec lesquelles ses personnages pensent et agissent. Elle est le seul auteur que je connaisse, avec l'Autrichien Adalbert Stifter au XIX<sup>e</sup> siècle, dont les héros évoluent toujours au plus haut sans que la vraisemblance en soit jamais atteinte. Dans ma lecture de sa rencontre avec celle qui s'appelle alors Caroline Franklin-Grout, me bouleverse de voir en Willa Cather elle-même les vertus de ses personnages. Flaubert est un de mes écrivains préférés et je me suis aussi passionné pour sa correspondance et sa biographie. Il a toujours manifesté, dans ses actes et dans ses lettres, une affection considérable pour la fille de sa sœur adorée morte en accouchant. Mais, parce qu'elle a d'abord épousé un homme qui a accumulé les mauvaises affaires, menant peu ou prou Flaubert à la ruine, parce que l'écrivain n'a jamais cessé d'avoir mille motifs de se tourmenter pour elle, parce que les Goncourt ont colporté diverses bassesses à son sujet, j'ai toujours considéré Caroline comme un obstacle dans l'existence de Flaubert, une malchance supplémentaire qui lui a gâché une vie que je suis presque prêt à croire aussi plate et tranquille, sinistre et décevante qu'il le prétend.

Au contraire, rencontrant la vieille dame, Willa Cather relit tout dans le sens opposé. Elle voit comme l'éducation de Flaubert qui voulait donner à sa nièce « le goût des choses intellectuelles » a été un succès – cette octogénaire de 1930 qui a lu Proust (même si elle le trouve « trop dur et trop fatigant »), se passionne pour Ravel, Scriabine, Stravinski et dont le visage rajeunit à l'écoute de l'opéra –, qu'il avait près de lui un être armé pour le comprendre merveilleusement. « Y a-t-il une situation plus heureuse pour un homme de lettres ? Combien d'écrivains ont trouvé une oreille intelligente parmi leurs fils ou leurs filles ? » Willa Cather cite une lettre de Flaubert à Caroline dont les mots lui semblent toujours convenir à la vieille dame : « Un peu d'orthographe ne te nuirait pas, mon bibi ! car tu écris *aplomb* par deux *p* : "Moral et physique sont d'applomb", trois *p* marqueraient encore plus d'énergie ! Ça m'a amusé parce que ça te ressemble. » Flaubert, écrit-elle encore, a eu durant la totalité de sa vie en Caroline plus qu'une compagne, une « fille de la maison » à chérir et protéger, et elle, de son côté, a conservé toute son existence durant sa proximité avec son oncle et le mouchoir avec lequel avait été essuyée la sueur du front de l'écrivain quelques instants avant sa mort.

Les livres me protègent. Je peux toujours m'y recroqueviller, bien à l'abri, comme s'ils instauraient un autre univers, entièrement coupé du monde réel. J'ai le sentiment paradoxal que rien ne m'y atteint alors qu'ils me bouleversent d'une façon maladive, victime d'une sensibilité excessive à l'écriture, tels ces êtres contraints de se laisser pousser les ongles pour ne pas, par distraction, toucher je ne sais quoi du doigt alors que leurs doigts sont trop fragiles pour supporter le moindre contact. Je devrais de même lire avec les ongles mais je suis trop heureux d'être sans cesse ébranlé.

J'ai les larmes aux yeux en lisant cette rencontre flaubertienne, une émotion exagérée. C'est comme si je me reconnaissais à la fois en Willa Cather et en Caroline, comme si je m'identifiais à leur rencontre. Mon père étant éditeur de Samuel Beckett, Alain Robbe-Grillet, Claude Simon, Marguerite Duras, Robert Pinget, Pierre Bourdieu et Gilles Deleuze, j'ai été familier de plusieurs grands auteurs reconnus. Quand j'habitais encore chez mes parents, il m'a demandé un jour si je tenais mon journal. C'était plus une objurgation qu'une interrogation. Non, par prétention je n'en tenais pas, ainsi que mon père devait le savoir. J'étais décidé à écrire et estimais que ce serait trop facile d'en passer par là, de susciter l'intérêt par un sujet que je n'avais nul mérite à connaître plutôt que par mon talent éclatant. Mon père voulait sûrement m'aider, me faciliter la vie, sans inquiétude en outre sur mon dévouement et assuré que, si j'écrivais un tel livre, je le lui soumettrais comme éditeur et qu'il serait donc en position d'écarter ce qui lui déplairait, mais, sur le moment, j'étais même surpris de sa question tant j'imaginais que pour rien au monde il n'aurait voulu que je dévoile la moindre information. Aujourd'hui encore, je suis plus prêt à l'impudeur qu'à l'indiscrétion. Le temps a passé, mon père est mort et, depuis des années, je trouve qu'il y aurait une générosité minimale, un devoir à écrire un livre sur ce que je connais d'écrivains admirés pour la joie de certains de leurs lecteurs. Mais le ton m'échappe, je ne sais pas comment l'organiser, quoi dire, quoi ne pas dire.

En vérité, la proximité la plus grande que j'ai eue fut avec Michel Foucault et mon père n'y était pour rien. Je l'ai connu six ans durant, jusqu'à sa mort, intensément, et j'ai vécu une petite année dans son appartement. Je vois aujourd'hui cette période comme celle qui a changé ma vie, l'embranchement par lequel j'ai quitté un destin qui m'amenait dans le précipice. Je suis reconnaissant dans le vague à Michel, je ne sais pas exactement de quoi, d'une vie meilleure. La reconnaissance est un sentiment trop doux à porter : il faut s'en débarrasser et un livre est le seul moyen honorable, le seul compromettant. Quelle que soit la valeur particulière de plusieurs protagonistes de mon histoire, c'est la même chose pour chacun dans toute civilisation : l'amour qu'un père fait peser sur son fils, le fils doit attendre que quelqu'un ait le pouvoir de le lui montrer autrement pour qu'il puisse enfin saisir en quoi il consistait. Il faut du temps pour comprendre ce qu'aimer veut dire.

Willa Cather raconte aussi que Caroline, tout en admettant que l'avenir était à son âge un tantinet incertain, l'invita à venir la voir à Antibes à son prochain voyage et proposa, en tout cas, de lui envoyer un souvenir de leur rencontre, par exemple une lettre de Flaubert. L'Américaine répondit qu'elle n'était pas collectionneuse et que les autographes n'avaient pas de sens pour elle, puis ce fut le temps de l'au revoir avec cette octogénaire qui avait été mariée deux fois et ne parlait pas de ses maris, comme si son oncle avait été l'unique grand personnage de sa vie. En novembre suivant, dans le New Hampshire, lui parvient une lettre de Mme Grout. Elle lui arrive dans un état déplorable, ouverte et presque détruite. C'est qu'elle lui a été adressée aux bons soins d'un obscur libraire d'une petite rue de Paris où Caroline avait dû dénicher un de ses livres et lui avait écrit dans l'idée, suppose Willa Cather, que, comme à son époque, les libraires étaient des éditeurs. Il n'y a plus dedans qu'un mot de Caroline annonçant ci-joint une lettre de 1866 de Flaubert à George Sand, et ce document a disparu. Willa Cather, en prenant son temps afin de trouver les mots pour ne pas blesser sa correspondante, lui répond le mois suivant que le souhait de Caroline de la voir posséder une lettre de son oncle avait plus de sens pour elle que la réelle possession de la lettre. Elle n'entend plus parler de la vieille dame jusqu'à ce que, en février suivant, des amis au sexe indéterminé lui envoient de Paris la notice nécrologique de Mme Franklin-

Grout qui, dit l'article, « jusqu'à l'extrême vieillesse, avait conservé l'intelligence et la bonté souriante d'une spirituelle femme du monde ».

Moi non plus, je ne suis pas attaché aux autographes, même si un me manque aujourd'hui sans que la volonté de Michel que je le possède m'en guérisse. Aucun fétichisme ne me liait à lui. J'aimais qu'on parle, mais pas forcément de ses livres. J'étais formaté pour ne pas ennuyer les auteurs avec leurs textes, ne pas empiéter sur les prérogatives de mon père : à coup sûr, ce qui était un bonheur sans mélange avec lui leur serait une corvée avec moi. Et, de fait, je n'avais aucune question particulière à leur poser, si je leur avais parlé ç'aurait juste été pour leur dire mon enthousiasme à la lecture, tâche souvent délicate et à laquelle je renonçais donc le plus souvent dans un mélange de soumission, paresse, lâcheté et bonne éducation. Je n'ai eu aucune ambition de résoudre les grands problèmes du monde en parlant avec Michel ni de me constituer des souvenirs, je lui ai parlé de moi et il s'est attaqué à la question comme si c'était un des grands problèmes du monde. La vie, parfois, mérite réflexion.

Mon père avait l'esprit de compétition et cette combativité comparative s'exerçait jusque sur les relations humaines. Dans la merveilleuse histoire de ses liens avec sa maison d'édition, il me racontait toujours avoir bataillé seul ou presque contre tous ou presque. Après sa mort, par diverses sources, j'ai compris que mon grand-père lui avait en fait été d'une grande aide et que, surtout, c'est lui qui avait eu l'idée que Jérôme devienne éditeur. Et ça m'a semblé un métier si rare quand il n'est pas héréditaire, ça m'a paru une idée si inventive, reposant sur une si bonne connaissance de mon père, que j'ai été ému de ce que ça représentait comme amour de la part de mon grand-père. Croyant aux récits de mon père, dont je pense tristement aujourd'hui qu'ils servaient aussi à modérer mon lien avec mon grand-père comme s'il y avait le moindre risque qu'il outrepasse celui avec mon père, j'avais toujours eu une réserve à l'égard de mon grand-père, lui en voulant de ne pas avoir mieux soutenu mon père lorsqu'il en avait eu besoin. Et voici que si, il l'avait fait, et maintenant il était mort depuis plus de dix ans et je ne pouvais plus moduler mon affection.

« Je n'ai jamais rencontré quelqu'un de si intelligent ni de si généreux : ça ne peut pas être un hasard » : depuis des années, parfois, je rêve éveillé d'une histoire romanesque dont cette phrase serait le tournant. J'imagine un adolescent ou un jeune homme perdu dans son aigreur, à la Ddass ou en prison, qui rencontrerait un homme venu parler au groupe auquel il appartient, délinquants ou enfants abandonnés, et qui lui ferait un tel effet que le garçon en sortirait avec cette découverte exprimée en quelques mots et qui lui change la vie, l'écartant

du ressentiment, lui construisant une nouvelle existence, plus sereine, tel un remake moins dramatique de l'aventure de Mgr Myriel et Jean Valjean.
Fantasmatiquement, je m'imagine être l'instrument
de cette bonté active jusqu'à ce que, des décennies
après les faits, je me rende compte que j'en suis le
récipiendaire, que c'est ce que Michel a été pour
moi.

Mon père aimait et respectait Samuel Beckett,
compagnon de sa vie d'adulte, comme il n'a aimé et
respecté personne. Le jour où il m'a annoncé que
Sam était mort, nouvelle qu'il fallait garder secrète
jusqu'à l'enterrement, comme il me raccompagnait
à la porte après que j'étais venu déjeuner, je lui ai
présenté mes condoléances aussi simplement que
j'ai pu et, avec son sourire triste, il m'a répondu,
évoquant Michel, que je savais ce qu'on ressen-
tait en une telle circonstance. Sachant comme il
mettait haut Sam et leur relation qui, peut-être
bien, était ce qu'il a eu de meilleur, j'ai été touché
de cette générosité. Pour ne pas être en reste, j'ai
répondu que moi ça n'avait duré que six ans (lui,
c'était une quarantaine), peu convaincu pourtant
qu'avoir profité d'une telle chance durant toute son
existence soit pire que l'avoir vue prématurément
interrompue. Il a re-souri silencieusement.

Une dizaine d'années plus tard, parlant de
tout autre chose, des problèmes nouveaux qui se
posaient dans son travail, mon père m'a dit : « Le

temps, qui était un allié, est devenu un ennemi. »
« Le temps, qui veille à tout, a donné la solution
malgré toi » est la phrase que Robbe-Grillet prête à
Sophocle en épigraphe des *Gommes*, livre si important dans la carrière de « Monsieur le Directeur »
ainsi que l'appelait Alain quand j'étais petit. Et j'ai
élargi le sens de sa propre phrase au-delà du cadre
professionnel de mon père qui, je l'ignorais, n'avait
plus guère de mois à vivre.

Un après-midi que j'étais venu le voir et que je
parlais à mon père, tout à fait conscient mais couché dans ce qui serait quelques semaines plus tard
son lit de mort, à un moment il me dit de ne pas
rester auprès de lui et d'aller vaquer à mes occupa-
tions. Je refusai en arguant que ça ne me coûtait
rien d'être là, au contraire, que j'étais content. Il a
eu son fameux sourire timide qui accusait réception d'un compliment ou d'une bienveillance en y
coupant court. « Parce que je t'aime », ai-je cependant insisté et, à peine ces mots prononcés, j'en ai
été heureux. Ma mère et ma sœur, qui étaient dans
les environs, m'ont entendu, ma phrase a dû leur
paraître opportune et chacune est alors venue lui
dire « Je t'aime ». Un tel épanchement, quelles que
soient les circonstances, n'est pas dans le genre de
la famille et, autant les mots m'étaient arrivés naturellement alors que c'était la première fois que je les
exprimais à ce destinataire, autant, prononcés par
d'autres, suivant les miens, ils m'ont semblé hors

de propos, me laissant mal à l'aise et m'incitant à quitter l'appartement quelques minutes plus tard, démentant ma déclaration précédente. Objectivement, la conduite de ma mère et ma sœur n'avait rien pour produire un tel effet, même si une telle accumulation d'affection pouvait passer pour un manque de tact de sinistre augure, mais il suffirait d'être un peu plus raffiné encore pour imaginer que mes propres mots induisaient déjà ce risque. D'autre part, je n'avais de mon côté nulle ambition d'aimer mon père plus que ma mère et ma sœur – différemment, oui, moi qui le voyais alors infiniment moins qu'elles – et je ne crois pas qu'aucune jalousie m'ait conduit à ce sentiment de malaise. Et pourtant il était là.

Sans doute y avait-il inélégance de ma part. Il avait laissé une lettre posthume pour chacun d'entre nous et ma sœur m'a remis la mienne le soir de sa mort. Mon père m'avait écrit, presque cinq ans plus tôt : « Quelques jours avant sa mort, j'étais seul avec mon père dans sa chambre à Ambroise-Paré, et j'ai eu envie de le remercier pour tout ce qu'il m'avait donné depuis que je suis au monde. J'ai toujours su que ce qu'il y avait de moins mauvais en moi, je le devais à ceux qui m'avaient élevé, instruit, à ceux que j'avais eu la chance de rencontrer ensuite. Et c'est à lui, bien sûr, qu'allait en priorité ma gratitude. Pourtant je me suis tu. Sans doute craignais-je, en abordant pour la première fois un sujet aussi intime, de paraître vouloir seulement me mettre en règle avant l'instant de sa mort, instant qu'il ne savait peut-être pas – mais j'en doute – si proche. J'ai gardé le silence et, depuis, je ne l'ai pas regretté : qu'avait-il à faire de mes remerciements au moment où il partait ? Et cependant c'est en pensant à cet aveu tu que j'ai eu envie de t'écrire à toi avant qu'il soit trop tard. Quand tu liras cette lettre, j'aurai disparu à mon tour, mais toi tu auras encore beaucoup d'années à vivre. Aussi, la gratitude que je n'ai pas cru devoir manifester à mon père, je crois tout à fait opportun de te l'offrir à toi. »

Les larmes aux yeux, je les ai encore en recopiant ces lignes. Je n'avais rien dit quelques semaines plus tôt qu'il ne savait déjà de même que, malgré sa réserve et ma propension à croire que tout le monde me déteste, je n'ai jamais souffert du moindre manque d'affection de sa part : je m'en sentais assuré. En lui disant « Je t'aime », je n'avais fait que répéter une scène familiale à travers les générations, avec moins de délicatesse que lui. M'émeut encore que Sam et Michel hantent ces lignes, Sam parce que « ceux que j'avais eu la chance de rencontrer ensuite », Michel parce que les mots de mon père sont si convaincants que je peux les prendre à mon propre compte – tous les mots puisque, moi qui n'ai pas d'enfant, j'ai quand même le bonheur d'avoir à qui léguer ma gratitude. Si je me retrouve dans cette heureuse situation, c'est parce que j'ai connu Michel, qu'il a dévié ma route. À sa façon, lui aussi m'a donné la vie. Au chevet de mon père, ne cherchais-je pas à « me mettre en règle » ? Et non pas auprès de lui mais auprès de Michel, même si j'espère que ce que je ne lui ai pas dit il l'a entendu quand même. Mon malaise, ne provenait-il pas de ce que ma mère et ma sœur se mêlent à mes yeux de Michel qui ne leur était rien en disant « Je t'aime » à mon père ? Par quelle aberration en serais-je arrivé à ressentir cela ? Michel, j'aurais pu ne jamais le connaître, ne jamais mettre les pieds dans son appartement, et, malgré tout l'amour familial, j'ai pitié de la vie que j'aurais eue.

Depuis quelque temps, j'ai trop en tête le refrain d'*À la claire fontaine*. « Il y a longtemps que je t'aime, jamais je ne t'oublierai. » Parfois, il résonne en moi avec un ton glaçant. Il y a une façon de le prononcer qui sonne comme un prix à payer. « Il y a trop longtemps que je t'aime, ma vengeance sera éternelle. Trop longtemps que tu me tiens enchaîné, peu importe comment, avec quelles armes. Peu importe si c'est réciproque, si c'est un bonheur, il y a trop longtemps. » Le sempiternel couple amour-haine. Moi qui vois habituellement le temps comme un capital dans les relations sentimentales, on dirait que je le découvre à mon tour comme un possible ennemi. Moi qui aime tant prolonger l'amour, installer sa brutalité dans la douceur et ses angoisses dans la sérénité. Quand l'amour dure, est-ce encore l'amour ? Quand c'est enfin devenu ce qu'il y a de meilleur au monde.

Il y a trop longtemps que je veux écrire un livre sur Michel, notre amour et ses ramifications éternelles, pour que je ne prenne pas ce refrain pour moi. Bien sûr que jamais je ne l'oublierai, que toujours je l'oublierai puisque la magie ne se concentre plus que sur des instants, des réminiscences, que je suis seul à nourrir la relation.

J'ai envie de lui rendre hommage, mais comment par un livre, lui à qui ses propres livres rendent mille fois plus hommage que d'autres ne sauraient faire ? Il a changé la vie de milliers de gens mais moi je le sais pertinemment, moi d'une manière particulière. Un homme est là, dans ma vie, depuis si longtemps, qui est plus qu'un homme – qui est de ces hommes dont on veut se montrer digne. Un homme si hors du commun qu'il ne peut servir d'exemple, un homme que j'ai aimé et que j'aime et qui est mort, qui peut servir d'amour – à quoi sert l'amour ? Un homme avec un magnifique appartement.

J'avais vingt-trois ans et il m'a élevé. On devrait toujours attendre qu'ils n'en soient plus pour éduquer les enfants, qu'ils soient assez grands pour avoir leur idée – et ce handicap obligatoire grève toute relation avec des parents qui aiment l'enfant depuis toujours, toujours l'ont eu à leur disposition.

Michel m'a enseigné avec une discrétion si absolue
que j'ignorais ce que j'apprenais. À être heureux,
vivant. Et la reconnaissance.

Je n'aurais jamais tant aimé Michel s'il n'avait
pas eu ce magnifique appartement. Comment
croire ça qui est sûrement la vérité ?

Mon père ayant survécu à une grave opération,
ma mère m'avait dit : « Je lui suis reconnaissante
de ne pas être mort », et j'avais raconté ce trait à
Michel qui l'avait trouvé joli. Est-ce que je lui en
veux d'être mort ? Ça demeure le seul défaut que je
lui trouve mais il est de taille.

« Il y a longtemps que tu m'aimes, jamais tu
ne m'oublieras » : il suffit d'inverser la phrase pour
mieux saisir son potentiel agressif. J'ai oublié mille
moments avec lui mais il y en a mille autres dont
je me souviens, et lui, évidemment que jamais je
ne l'oublierai, lui qui m'a même appris la mort, le
deuil irrémédiable, qui me l'a enseigné sans le vouloir. Je ne vais pas lui être aussi reconnaissant de ça,
quand même. Il m'apprenait la vie, rien ne pressait
pour la mort. Je n'avais pas trente ans mais j'avais
confiance qu'il enrichirait encore indéfiniment
mon existence. C'est une grande chance de l'avoir
connu mais la plus grande était de le connaître.

Parler d'oubli, c'est parler d'amour. « Tu as
pensé à moi ? » est toujours une question émouvante.
Me touche quand aimer n'a pas le sens absolu d'une

relation amoureuse, qu'on aime sans que la sexualité ni l'exclusivité y aient leur part, lorsque Barbara chante qu'« il y a des gens que j'aime, à Göttingen, à Göttingen » ou Jacques Brel : « Mon père disait : "C'est le vent du nord qui me fera capitaine d'un brise-larmes pour ceux que j'aime." » Qu'a-t-il fallu qu'on oublie pour que les morts n'aient pas l'air démodés, eussent-ils disparu depuis un quart de siècle ? Les souvenirs vivent-ils une nouvelle vie à être embrigadés dans un texte, comme ces personnages de roman qui échapperaient à leur créateur pour mener une existence indépendante ?

La dernière phrase de la lettre posthume de mon père est : « J'espère seulement que j'aurai le sentiment, le moment venu, de ne t'avoir causé aucun tort grave, ce qui me donnera le droit de te demander, en t'embrassant, de m'oublier. »

# RENCONTRES

« Nous », j'ignore que le mot a cours hors de la famille. Rencontrer quelqu'un est un exploit. Les êtres qui ne sont pas dans ma vie, je ne vois pas comment les y accrocher. La non-fonction crée le non-organe, c'est comme si je n'en désire même pas la nécessité. Je n'ai aucune place dans le monde, alors, comme l'esprit de combativité de mon père, cette évidence s'applique à chaque élément de ma vie : je suis le seul à vouloir avoir des amis, faire l'amour, la réciprocité n'est pas envisageable. À croire que chaque relation serait une conquête, une prise faite sur un ennemi, qu'il faut arracher un consentement par force ou habileté, compromission avec le réel. Je n'ai aucune stratégie, aucun manuel de guérilla sociale pour apprendre comment me dépêtrer de cette jungle, alors je renonce, laissant s'en mêler un hasard que je prends soin de ne pas provoquer. Pour mon bonheur et mon malheur, j'adore lire, la solitude m'est une amie qui me délivre de la peine d'en chercher d'autres.

## 1

Après une adolescence aussi interminable que désastreuse, soudain je rencontre un être humain. Ça commence par une fille. Je l'invite dans ma chambre chez mes parents où j'habite encore et elle est surprise quand je me fais explicite, conscient d'une brutalité qui est ma seule manière de ne pas être anesthésié par la réserve et la délicatesse, surprise et consentante. Très vite, je suis amoureux et c'est une décision, sûrement, car l'amour est une stratégie. C'est se donner à corps et âme perdus, apprendre la confiance. Je suis tellement bridé de partout que la passion est la seule arme qui me reste. Rien ne peut se résoudre que par l'explosion, la dissémination façon puzzle de mes préjugés et autres défenses. Je m'y accroche. J'ai lu trop de livres durant mon adolescence infernale, j'ai vu trop de films et écouté trop de chansons pour ne pas avoir mon idée de l'amour. Valérie est belle, intelligente, sympathique – présentable à mes parents –,

comment ne serait-elle pas désirable? Un objet
acceptable de ma passion passant à portée de cœur,
je me jette dessus.

Je suis bien tombé si ce n'est que cette fille a
ouvertement des amants, à l'occasion, situation
en contradiction avec celles des romans d'amour
classiques. J'ai honte de souffrir et d'en faire des
histoires; sur le principe, moi aussi je suis partisan
de la multiplication des plaisirs mais c'est la définition même de l'amour qu'il y a loin de la théorie à
la pratique. Jusqu'à présent, c'est comme si la vie
me glisse entre les mains, qu'elle n'est qu'un mauvais moment à passer, qu'à force de prudence, de
précaution et d'inertie il est réalisable de la tenir
à distance pour atteindre sain et sauf le moment
où il n'y aura plus rien à choisir, ni à choisir ni à
vivre. C'est une forme radicale de paranoïa : la vie
est une ennemie avec qui je peux pourtant négocier
pourvu que je ne lui demande rien. Il ne faut pas
réveiller le chat qui dort, donc si je reste bien silencieux, immobile, rien ne m'arrivera, strictement
rien. Mais qui sait si le chat n'est pas un meilleur
compagnon éveillé qu'endormi? Impossible d'écarter cette question d'un revers de volonté, elle sur-
nage. Voici que l'amour ouvre l'appétit, la jeunesse
est un chat insomniaque.

Un soir, marchant vers le studio de Valérie,
je suis abordé par un adolescent qui me demande

l'heure. Le temps de la lui donner, je suis entouré par quatre ou cinq autres garçons qui exigent maintenant mon argent. Ils ne sont pas fous, la rue est trop calme pour que je puisse appeler qui que ce soit au secours. Ou peut-être que hurler aurait été la chose à faire, un acte de résistance qui, en alertant les habitants de la rue à défaut de passants, pourrait mettre en fuite mes agresseurs. Je donne mon argent. Un des garçons réclame alors ma montre. C'est une relique de famille à laquelle je tiens, je marchande.

– Ah non, commencé-je.

Je m'apprête à leur dire que c'est justement parce que j'ai eu la politesse de répondre à l'appel pour savoir l'heure que je me retrouve dans cette situation et que ce serait d'une aigre ironie que je doive en surplus payer cette courtoisie de ma montre adorée. Mon indignation, soudain, surpasse ma peur.

– Ça suffit, dit l'un des garçons, non pas à moi mais à ses complices, et les agresseurs disparaissent à mobylette, pas tant convaincus par mon argumentation qu'ils n'ont pas pu entendre en intégralité qu'eux-mêmes apeurés, plus adolescents que professionnels.

Je reprends ma marche jusqu'au studio, monte les étages le cœur battant, raconte pourquoi je suis dans tous mes états à mon amoureuse qui a immédiatement remarqué ma lividité. Que ce se soit produit sur la route de chez elle m'est une cruauté supplémentaire, comme si j'avais de bonnes raisons de rester tout seul chez moi, que l'adolescent imbécile enfermé à lire jour et nuit avait bien pesé le pour et le contre. J'ignore totalement où j'en suis, je suis perdu, le dernier des derniers, non pas moralement mais concrètement parlant. Très vite, pourtant, je me retrouve on ne peut plus heureux d'être là. Valérie sait y faire et je comprends qu'elle ne me voit pas du tout comme un égaré, une espèce de vagabond mental, une sorte de fou social sans avenir qui est exactement ce que je redoute depuis l'adolescence et à quoi mon agression donne énigmatiquement à mes yeux une vraisemblance supplémentaire, un aspect qui n'a plus rien de fantasmatique.

– Tu es différent des autres, me dit, forte de son expérience, cette fille plus jeune que moi qui connaît tellement de garçons. Personne ne sait ce qu'il va faire de sa vie. Toi, tu veux écrire.

Je n'avais pas l'idée d'un privilège – pour que je puisse imaginer être jalousé, il faudrait que je sois plus heureux. Comment faire comprendre à mon amoureuse que, tout futur écrivain que je puisse être, j'attends de la vie autre chose que des livres, quand même ?

⋆

Je propose à Valérie de l'accompagner à une séance d'un film à propos d'une femme violée et des séquelles de tous ordres qu'elle en endure dont on parle beaucoup en ce moment, l'œuvre servant de déclic à la société pour prendre conscience de l'ampleur d'un drame sous-évalué.

– Non, dit-elle. Ça va t'exciter.

Je n'insiste pas. J'ignore ce qui, dans mon comportement sexuel, amène mon amoureuse à cette conviction. Mais ce n'est pas faux. Un film sur le racisme ou les enfants battus, j'irais de moins bon cœur. Du viol, j'attends plus de satisfaction. Adolescent, lors d'une colonie de vacances aux sports d'hiver, je me suis retrouvé dans une chambre avec quatre garçons qui se plaisaient à trouver un surnom à chacun. L'un s'appela ainsi Obsex, diminutif d'« Obsédé sexuel », parce qu'il ne cessait de parler de filles et de ce qu'il ferait avec. Le jeu voulait que le surnom obtienne au moins le vote de la majorité des présents, l'intéressé compris, pour être définitivement accepté. Ce fut le cas de celui-ci. Quand vint mon tour d'être nommé, cet Obsex proposa Trobsex, raccourci de « Très obsédé sexuel », d'autant plus surprenant qu'on ne pouvait à bon droit me reprocher ni me féliciter de parler exagérément des filles et de leurs usages. Un autre garçon se récria immédiatement et vota contre. Pourtant, j'acceptai. « Dans ces conditions, je reprends mon vote », dit celui qui avait cru me défendre en s'opposant. Quant à moi, j'étais encore puceau et cet état de fait me pesait comme une mauvaise note, une ignorance coupable. Je prenais comme un gain d'être lié au sexe, fût-ce par l'obsession, fût-elle trop grande. C'était mieux que rien.

Quelque chose de cet ordre se joue avec le viol. Je n'ai jamais violé personne et certes n'aimerais pas le faire ni l'avoir fait. Toutefois, je n'ai rien contre cet acte comme fantasme. Je l'ai parfois en tête en faisant l'amour, bien assuré par le consentement évident de mes partenaires qui est la véritable contrainte, celle facilitant la création de mes fictions. Violer qui que ce soit pour de vrai, j'ai le sentiment que je n'y arriverais jamais, que le sang refluerait de mon sexe au moindre geste contre moi, à la moindre désapprobation plus ou moins tacitement exprimée du coït en cours, dans un grand mélange d'impuissances physique et psychologique. Déjà que je suis souvent bridé avec mes partenaires par cette première fois renouvelée avec chaque où je suis préoccupé de ne pas faire faux bond malgré moi et que, la deuxième fois où un gage a déjà été donné, ne serait-ce qu'à moi-même, et où j'ai donc l'esprit plus libre, le charme de l'absolue nouveauté s'est en partie estompé, de sorte que paraît inaccessible, tel un raffinement exagéré, un paisible dépucelage, si c'est ainsi qu'on appelle chaque première fois. Le viol me fouette l'esprit mais pas le corps.

Un film représente l'idéal : je disposerais

d'images neuves de viol, plus concrètes que celles que j'invente même si elles doivent me convenir moins exactement, et il demeure cependant factice. La psychologie n'a pas à se mêler.

Me plaît le ton avec lequel Valérie refuse que je l'accompagne au cinéma, pas agressif mais de pure constatation. Elle, ce n'est pas par excitation qu'elle s'intéresse au viol, elle préfère juste ne pas regarder le film avec quelqu'un dont les motivations sont trop différentes, comme il est recommandé de ne pas suivre un match de football à deux lorsque chacun est supporter d'une équipe différente.

Le film plaît moyennement à Valérie avec laquelle je dîne quand elle sort de la séance. Ensuite, on rentre chez elle et on fait l'amour. Je ne juge pas nécessaire de modifier ce qui me passe par la tête aux moments les plus choisis ; au contraire, j'ai l'impression d'avoir reçu quitus pour mon récit intérieur. Je ne me demande pas ce que ma partenaire en saisit, assuré du secret de mon cerveau quand bien même le refus de Valérie de partager la vision du film avec moi manifeste qu'elle l'a un peu décelé, comme les drogués restent une heure à se piquer aux toilettes estiment-ils en cachette alors que tout le monde sait ce qu'ils y font : croire au secret suffit à le constituer.

– C'était super, dis-je pour dire quelque chose après qu'on a joui.

– Oui, répond-elle. Tu vois, ne t'inquiète pas.

2

Je croise les amants de Valérie avec un préjugé favorable : si elle juge ces garçons dignes d'être ses partenaires, certainement qu'ils le méritent. Marc, son ancien amoureux, devient mon ami intime. Un soir, ça se trouve qu'on couche ensemble. Ça s'est suffisamment bien passé pour que, quelques jours plus tard, je veuille renouveler le plaisir. Marc s'esquive. Mais deux mois après, c'est Marc qui s'apprête à rester dormir chez moi sans que je le lui aie proposé. Je refuse. Ça m'agace que l'autre croie que j'ai un désir permanent tout en s'autorisant à en avoir un si fugitif. On reste amis mais, sans que j'aie forcément compris sur le moment ce que signifiait ma rebuffade, le sexe ne se pose plus et c'est bien aussi.

Un garçon exactement de mon âge jouit d'une situation particulière dans l'entourage de Valérie parce qu'il a eu une relation passionnée avec Michel Foucault. Cette intimité avec un être si respecté m'a d'abord aigri contre Thierry, moi qui connais tant d'auteurs célèbres sans avoir jamais atteint avec aucun d'entre eux une familiarité comparable, mais je l'ai vu au début que j'ai connu Valérie et la beauté du garçon, avec ses cheveux sur les épaules, comme j'aime, m'a immédiatement retourné et j'ai été navré de ne pas finir la nuit avec. « Il n'a pas compris que tu en avais envie », m'a dit Valérie le lendemain, ayant pris ses renseignements pour me consoler.

Thierry fait partie d'un groupe révolutionnaire et, contrairement aux garçons de la bande et à moi-même, n'a pas été réformé, ne l'ayant pas cherché. Son organisation recommandait de profiter du service militaire pour déployer son prosélytisme sur la jeunesse. À peine a-t-il été incorporé que son groupe a changé de stratégie et appelé à la réforme. Ça n'a pas pesé sur Thierry qui, à défaut de la révolution, fait l'amour durant son service avec beaucoup de diversité quant à ses camarades et trouve mille satisfactions à cette période. Quand je le revois, il a les cheveux courts sans que ça attente à sa beauté ni à mon désir. Cette fois-ci, il est prévenu de mon attente. L'affaire se fait et dure. Valérie, de son côté, a tout l'air amoureuse d'un nouveau garçon de sorte que les choses continuent à aller d'autant mieux entre nous que je persiste à bénéficier de sa générosité sexuelle.

Comme l'ensemble de la bande de Valérie, Thierry est une anti-victime qui tourne en avantage au moins prétendu tout ce qui lui survient. Un jour que je lui dis : « Ce serait quand même mieux que Dieu existe, au moins on pourrait se plaindre », il me répond en riant qu'il n'y a qu'un Juif pour prononcer une phrase pareille. Thierry vient d'une stricte famille catholique croyante et tout, XVI$^e$ arrondissement, où son homosexualité militante provoque de tels drames que Marc s'amuse à la mettre en question, supputant que l'agacement de ses parents est la part prépondérante de ce goût. Ne voulant recevoir aucun argent de sa famille, Thierry, en plus de ses études de japonais, est le soir aide-soignant à l'Hôtel-Dieu. Souvent, je viens l'attendre vers minuit une heure et on rentre passer la nuit ensemble dans le studio de Thierry, indépendant quoique attenant à l'appartement de Michel Foucault qui le lui prête. Thierry a toujours des histoires extravagantes à raconter avec humour sans que je puisse déterminer leur degré de véracité.

– Tu sais quelle est la première phrase que disent la majorité des accidentés de la route quand ils sortent du coma ?

– Non, réponds-je.

Et lui, fort de son expérience hospitalière censée valoir caution : – « Mais je venais de la droite ! »

Ça me parle. Pour moi aussi, être dans son droit, avoir raison sont des notions vitales. Je suis un accidenté de la justice.

Je trouve une justification logique à me tourner vers des êtres de sexe semblable même si cette logique ne doit apparaître qu'à moi, ce qui est bien suffisant puisque je suis aussi le seul à réclamer une explication : j'envie à Valérie la sensation du jet de sperme à l'intérieur d'elle-même, la bonne chaleur que ce doit être, vu qu'elle prend la pilule et que je n'ai donc aucune raison de mettre un préservatif. Il n'y a pas mille moyens pour connaître à mon tour ce petit geyser éphémère et personnel. En vérité, ça ne marche pas, le sperme que je reçois n'a pas cette efficacité mais tant pis, il y a d'autres satisfactions et d'autres postures. Moi qui ai toujours peur de ne pas être à la hauteur, qui crois sans cesse à la nécessité de faire mes preuves, j'étends ces angoisses aux partenaires que je me déniche. Le méritent-ils ? Se tourner vers ces garçons ne comporte aucun risque, ce n'est presque plus un choix, leur valeur a déjà été reconnue par Valérie dont je sais la qualité. Il n'y a donc aucune honte à ce qu'ils deviennent mes amants et tout acquiert une étonnante simplicité. Si les relations avec les filles étaient si complexes, sans doute est-ce tout simplement que je n'y tiens pas. Que mes partenaires soient désormais des garçons est d'une originalité qui me convient, l'homosexualité fournit un petit chic. Tant pis pour ma pauvre adolescence où une plus grande banalité aurait peut-être mieux convenu, elle est maintenant derrière moi. Voici venu le temps de la liberté, des hasards heureux et productifs, je me remets sur de bons rails temporels. La jeunesse, ça va finir par être pour moi.

★

On frappe. Les coups sont de plus en plus forts mais c'est la sonnette qui achève de nous réveiller. Il est deux heures du matin. Je suis couché avec Thierry dans le studio prêté par Michel Foucault, on s'est endormis facilement après avoir fait l'amour.

– C'est Gérard, dit une voix derrière la porte.

Thierry se lève et ouvre nu.

J'ai déjà vu Gérard une fois, par hasard, et c'est le seul des amants de Valérie que je connaisse à ne pas m'avoir trop plu. Je sais qu'en revanche la relation qui le lie à Thierry depuis des années est une intimité passionnée, une de ces passions d'adolescence sur lesquelles seules mes lectures m'ont renseigné. Je croyais Gérard dans un voyage de routard autour du monde pour des mois et des mois, c'est une surprise de le voir ici, et à cette heure. En fait, le grand garçon – il doit mesurer pas loin de deux mètres – vient de rentrer d'Afghanistan après plus d'un an passé dans la région en compagnie de Jean-Marie, le frère aîné de Thierry dans cette fratrie de six garçons. Ignorant où trouver Thierry, il est venu tout simplement voir dans le studio dès que possible. Quant à l'heure, il n'a pas à s'excuser car Thierry est si manifestement heureux de le revoir qu'il est clair qu'aucune faute n'a été commise. Et les deux parlent et parlent, tout à leur joie, ne se gênant pas pour moi à qui mon double statut d'amoureux de Valérie puis de Thierry offre un billet d'entrée implicite dans la bande. Et moi non plus, ça ne me gêne pas, malgré la nuit perturbée. Ça change mes habitudes, ce qui n'est jamais bon, mais peut-être que vivre passe par là. Quelque prudent qu'on soit, il y a de l'inéluctable dans l'existence.

C'est la première fois que je dors à trois nus dans un lit mais je dors, laissant les deux autres parler encore. Je me lève plus tôt pour aller au travail (par relation familiale, j'ai obtenu un stage au *Nouvel Observateur*) après qu'on est convenus de se retrouver chez moi tous les quatre, avec Valérie, mardi prochain, pour regarder à la télévision un film que recommande Gérard.

Mardi, ni Valérie ni Thierry n'honorent le rendez-vous. Je suis seul chez moi avec Gérard sans me sentir intimidé, avoir dormi nus dans le même lit doit aider. Soudain il explore son propre slip d'où il décolle un sparadrap et retire une cargaison qui se révèle être de l'opium rapporté d'Afghanistan. Je n'ai jamais pris aucune drogue. Je n'y connais rien, je partage la panique générale quant aux moindres de ses usages. Normalement, je fuirais dans l'instant qui me menacerait de quoi que ce soit de stupéfiant, mettant en péril mon équilibre si chèrement acquis. À ma propre surprise, j'accepte de bon cœur. Gérard explique que le mieux, si on a la pipe adéquate, est de fumer l'opium mais que, sinon, il est possible de l'avaler avec un verre d'eau. Il faut rouler la drogue entre les doigts où elle laisse une trace en une boulette consistante que l'eau entraînera cependant sans difficulté si on ne se crispe pas à la première gorgée. Ça marche. Je n'ai jamais rencontré ce goût jusqu'alors, une âcreté qui correspond à la consistance, l'opium ne ressemble qu'à l'opium. Cette drogue dure est d'une douceur insoupçonnable et on passe une nuit merveilleuse dans la sensualité des corps et des émotions, des rires. Je quitte Gérard à trois heures de l'après-midi, ébloui. On n'a même pas regardé le film. Désormais, jamais plus je ne refuserai la moindre miette d'opium.

Je ne veux pas non plus laisser perdre la moindre miette de Gérard. On fait l'amour dans la magnificence de l'opium et ces merveilleux moments ont eux aussi leur spécificité radicale. C'est comme si la sensualité est un monde dans lequel on n'a qu'à se glisser, dans lequel on habite indépendamment de notre désir, on a juste suivi la pente de notre état. Ça ne se reproduit pas. Après avoir constaté que cette interruption ne provoque aucun dommage, Gérard, dont l'homosexualité n'est pas le fort, me dit avoir craint que la relation qui partait si bien souffre d'un déséquilibre physique. Non. Mystérieusement, mon amour pour Gérard n'a pas grand-chose à voir avec la sexualité. C'est pourquoi, j'imagine, il s'appelle amitié. Je n'ai jamais connu ça, une passion d'adolescence survenant avec dix ans de maturité et d'immaturité en plus.

Gérard me laisse de l'opium que je prends avec un autre amant : nuit mémorable. Il me raconte aussi l'Afghanistan, les hauts et les bas vécus avec le frère de Thierry durant le voyage, et leur retour avec chacun de l'opium, leur pacte quant au partage des bénéfices de sa vente. Gérard a tout donné, Jean-Marie tout vendu qui divise cependant le butin en deux parts égales sans broncher. Je craignais que les relations humaines soient étriquées, ça aussi m'ouvre un monde. On dirait que la bourgeoisie n'est pas universelle.

★

Le lit de Thierry se révèle un site de rencontres à soi tout seul. Parfois, le matin, il passe dans l'appartement contigu au studio et relié par une porte de communication invisible du côté de l'appartement – on croit que c'est juste celle d'un placard – et revient en annonçant que le petit déjeuner est prêt pour trois, à côté. Partager du temps avec Michel Foucault est d'autant plus un cadeau que son surgissement est d'une bienveillance légère dont je ne pense même pas à m'étonner, alors que je commençais à soupçonner Thierry de volontairement le différer. Pour faire gagner un peu d'argent à Thierry, il a rédigé avec lui, anonymement pour sa part, un livre d'entretiens sur la jeunesse, ce que c'est qu'avoir vingt ans aujourd'hui. Et ça m'amuse de faire pour *Le Nouvel Observateur* un entretien avec Thierry sur ce texte, trouvant ça plus ludique qu'immoral, moi qui sais qui est l'interlocuteur de Thierry. Michel relit l'interview et propose mille corrections acceptées avec enthousiasme. Quand je soumets l'article à ma chef de service, elle l'accepte avec condescendance, y décelant toutes les naïvetés de notre âge. Ça aussi m'amuse, je ne crois pas au journalisme.

Thierry et moi avons le même âge à deux jours près et la récente habitude de nous souhaiter nos anniversaires en déjeunant ensemble le lendemain de l'un et la veille de l'autre. Quand il arrive pour me chercher au journal, Michel l'accompagne, nous invite au restaurant puis nous emmène au vernissage d'une exposition à Beaubourg. Dans une des allées de l'exposition, Thierry, qui a marché plus vite, revient en racontant que le charmant garçon qui est devant nous mais avec une fille vient d'identifier Michel et de le dire à sa copine. La fille a juste répondu « C'est qui, Michel Foucault ? », se réjouit Thierry. « Une analphabète », commente

Michel avec son bon rire qui m'habite toujours. Et, curieusement à mon aise, j'ai le sentiment de vivre à grande vitesse une alphabétisation vitale, de commencer à démêler la confusion des sensations.

On devient amis. Michel, un soir que je suis allé dîner chez lui avec Gérard et Marc, me suggère de l'embrasser. La proposition me déstabilise. Pour une raison mystérieuse, je trouve courageux de refuser d'un seul mot, conservant ma langue bien à l'abri, plus courageux que de fondre en larmes ou de manifester une complète incompréhension qui est pourtant ce qui domine. Une fois encore, je suis pris de court. Thierry a bien vécu avec Michel, qu'y aurait-il de curieux à ce que je couche avec, au minimum échange quelques baisers? Je n'y ai jamais pensé et cette absence est un argument contre un tel échange, comme si soudain toute proposition, même sentimentale, sexuelle, réclamait un délai de réflexion à tête reposée. Je n'ai aucune prétention à égaler la liberté spontanée de Thierry, j'ai encore besoin de calculer d'une façon ou d'une autre, de me protéger par contrat.

Une fois qu'on a quitté l'appartement de Michel, je reviens sur cet épisode, le conjurant par une fierté revendiquée. Je me flatte comme d'une honnêteté de l'absence de faux-semblant, de la clarté de mon « Non », tout en sentant bien que quelque chose m'échappe, me heurte, quelque chose me blesse. Pourquoi en reparlerais-je, sinon?

– Tu étais ridicule, me répond Gérard.

Je suis d'autant plus facilement convaincu qu'il n'a jamais un mot contre moi et que Marc ne bronche pas. La honte me frappe immédiatement, je serrerais Michel entre mes bras de tout mon cœur, me ferais serrer. Mais le moment est passé.

Ça ressemble au dimanche où je fais la queue dans une bonne pâtisserie avec Gérard et que la femme devant nous s'adresse de façon si particulière à la vendeuse que celle-ci répond qu'on ne lui parle pas sur ce ton. La femme s'en va furieuse et je fais à Gérard une réflexion manifestant dans quel camp je me place, la satisfaction qu'il y a de voir ce qui s'apparente à la grossièreté ainsi punie.

– C'était une dame qui se réjouissait de manger des gâteaux pour son dimanche et qui n'en mangera pas, répond-il simplement.

Le camp du plaisir, je devrais en être plus souvent.

★

Un danseur nu japonais se produit chez Michel, Thierry et moi faisons partie des invités. La nudité du danseur est un attrait particulier, ainsi que d'être convié pour de bon dans l'appartement de Michel par le propriétaire lui-même, ça ne m'est pas encore courant. Il y a un charme supplémentaire. Depuis des semaines, Michel me parle d'Hervé, un garçon de mon âge dont j'ai dès lors lu d'étonnants articles dans *Le Monde*, et il sera là lui aussi. Le parrainage de Michel ôte toute terreur à ce vrai faux rendez-vous.

On est une dizaine à assister au spectacle, tous des hommes à part Thierry, Hervé et moi qui ne sommes encore que de jeunes hommes. La prestation nippone n'est pas très longue, puis le danseur nu s'éclipse rhabillé. Divers invités commentent sa performance sans susciter de débat pendant que je me tais faute de savoir quoi dire, aussi ignorant en danse qu'en Japon.

– Mais il n'était pas vraiment nu, dit soudain quelqu'un.

Le danseur ne s'est effectivement pas défait d'un décent étui pénien. Et tout le monde de rebondir sur cette constatation moins artistique, riant d'en arriver enfin aux choses sérieuses.

Ensuite, chacun parle dans son coin, sauf Hervé qui reste ostensiblement seul. Vu le lieu, la présence de Michel, je me sens assuré d'être correctement reçu et j'ose l'aborder en choisissant mes mots : « Vous êtes puni, Hervé Guibert ? » On ne se vouvoie pas une réplique de plus. Hervé sourit, m'annonce cinq minutes plus tard qu'il m'enverra des textes pour la revue littéraire dont je m'occupe ainsi que je le lui ai demandé, déjà convaincu de leur qualité par celle de ses articles et par le lobbying de Michel. Je suppose avoir bénéficié du même traitement auprès d'Hervé, ça n'aurait jamais aussi bien fonctionné sinon. Encore quelques minutes et nous quittons prématurément la soirée, Thierry et moi parce qu'on a un autre dîner, Hervé parce qu'il préfère ne pas rester dans cette petite foule. Mais je n'ai pas perdu mon temps : me voici amoureux. Il faut au moins ça pour me fouetter les sangs.

La littérature m'excite. Hervé a publié un livre que je lis avec passion, croyant cependant utile, au milieu de mes compliments, de lui signifier mes réserves. J'adore les textes qu'il me donne pour ma revue. Ce garçon est de toute évidence à la hauteur, libre à moi de m'engager autant que je veux. Ça freine juste sec, question sexe. Heureusement, cette amitié est un amour. On flirte jusqu'à ce que, un soir, Hervé, pourtant amoureux d'un autre, accepte enfin de me raccompagner chez moi. À quelques pas de mon studio, il change en définitive d'avis et me laisse passer la nuit seul. Je suis agacé mais j'attrape la grippe et, au coup de fil suivant d'Hervé, j'ai trente-neuf de fièvre, je ne songe pas à des reproches et raconte juste dans quelles complications je me suis fourré avec mon amant du moment, la principale étant que je n'en raffole plus. Disparition immédiate des éventuels ennuis du sexe, on se fabrique une autre intimité. Homosexuels sans concubin, notre mode de vie nous rapproche et on passe désormais ensemble un nombre infini de soirées, traînant après dîner dans des bars où nous apprenons à connaître le désir de l'autre : sur qui il tombe et comment il tâche de le mener à bien. Je cherche toujours le plus beau garçon tandis qu'Hervé, si beau lui-même, prétend être attiré par des êtres apparemment moins sexy dont il refuse pourtant les avances quand à l'occasion ils viennent à lui, et il rentre perpétuellement seul de nos soirées communes. On rit énormément, ce qui est toujours essentiel dans mon rapport à l'autre, mais pour Hervé c'est une nouveauté qui nous rapproche encore.

Un soir, je suis réquisitionné d'urgence pour un dîner. Hervé a invité chez lui Michel et Daniel, son ami qui est plus jeune que Michel mais quand même largement un adulte, sans commune mesure avec nous. Jamais encore Hervé n'a utilisé son studio pour recevoir et, tout à coup, anxieux à cette perspective, me demande de venir. Ça tombe bien : je dois justement dîner avec Thierry qui sera un renfort supplémentaire. On est un peu tendus, si fiers de l'amitié de Michel qu'on a peur de commettre la moindre erreur. Thierry est en retard car il participe à la création du *Gai Pied*, un hebdomadaire homosexuel dont Michel a trouvé le nom et il y a du travail pour la sortie du premier numéro. Il arrive avec ce trésor à la main que personne n'a encore pu voir. Grâce à lui, il y a dedans un texte de

Michel qui est évidemment annoncé en première page. « Mais ce n'est pas le bon titre », dit Michel en ne parvenant pas à cacher entièrement son sentiment quand il découvre la couverture. Personne ne sait où se mettre, un malaise perdure toute la soirée quoique Michel se soit habilement repris dans la seconde où il a constaté le mauvais effet de sa phrase. C'en est fini des dîners à domicile d'Hervé. Quand on se parle au téléphone le lendemain matin, il évoque le ratage pour être consolé et moi, trop angoissé la veille pour percevoir sa stratégie du jour, j'abonde dans son sens comme un abruti et il se moque de moi. Et ça me plaît parce qu'il me plaît, que notre relation me plaît comme elle lui plaît, que, depuis Valérie, après la traversée en solitaire de l'adolescence, je suis miraculeusement emporté l'air de rien dans un interminable maelström d'affections.

## 3

– Tu sens quelque chose ? dit Gérard.

– Non, peut-être un peu le café, dis-je en reniflant pour me faire une meilleure idée. Je t'attends dehors, ajouté-je en sortant du magasin.

On passe une semaine de vacances à New York où Gérard a une bonne amie, Immy, qui nous a fourni des LSD qu'on a pris il y a trois quarts d'heure. La question portait sur l'effet de la drogue que j'ai ingurgitée en confiance mais en fait je n'ai pas compris, pour moi c'est la première fois, je ne sais pas comment ça se passe. Quand Gérard me retrouve une minute plus tard, je suis allongé de tout mon long sur Broadway et des gens s'arrêtent pour me demander si tout va bien. Étonné qu'on croie bon de m'adresser la parole, je réponds que *yes* avec un énorme sourire. La journée tout entière est un miracle, une explosion mentale et affective qui m'agrandit. On prend un taxi pour rejoindre comme convenu Immy dans Central

Park au niveau de la soixante-douzième rue mais on ne parvient pas à indiquer l'adresse au chauffeur, « sixty douze », « seventy deux », « sixty twelwe », on s'embrouille, on rit et on rit de nos rires. Arrivant malgré tout sur place, de toute évidence les premiers, on cherche un coin où s'asseoir confortablement. À peine avons-nous choisi un peu d'herbe où nous poser qu'on se relève parce que l'herbe est plus verte, plus fournie à côté où on va se rasseoir, mais dès qu'on y est l'endroit ne fait plus l'affaire parce que c'est encore mieux plus loin et on continue notre migration perpétuelle jusqu'à ce qu'on comprenne que c'est notre angle de vision qui crée la différence, l'herbe est égale partout.

Immy nous emmène dans un appartement pourvu d'une somptueuse salle de bains. On s'installe tous les deux à un bout de la grande baignoire et on fait couler l'eau en cherchant la température qui convient le mieux. Et ça n'en finit pas non plus parce que c'est trop chaud et on ajoute de l'eau froide, c'est trop froid et on ajoute de l'eau chaude, c'est parfait mais ça devient trop froid par la déperdition de la chaleur et notre accoutumance. On rit énormément, confort encore plus grand que celui que l'eau et sa température sont susceptibles d'apporter. On recherche un équilibre idéal, l'acide le nécessite.

L'appartement de Michel est miraculeusement la concrétisation de cet idéal. On le sait car l'acide s'y perpétue. Par son espace et son aménagement, c'est un lieu rêvé pour ce genre de plaisir. On prend mille précautions. Gérard m'a raconté plein d'histoires, le risque que tout dérape, que la situation devienne aussi épouvantable qu'elle peut être merveilleuse, et il est bien entendu que si l'un de nous, au dernier moment, préfère renoncer à la drogue, il n'encourt pas la moindre protestation. On est quatre, Marc, Gérard, Michel et moi, et personne ne renonce. Tous commentent la montée de l'acide – il faut autour d'une heure après la prise pour que l'effet commence à devenir sérieux –, sauf moi qui n'en ai pas les compétences, ne percevant les modifications que lorsqu'elles sont tellement avancées qu'il est impossible d'y résister. Il y a un recoin de l'appartement, le long de la baie vitrée, à côté de l'électrophone, où on s'installe dans quatre fauteuils et coussins en écoutant les premières symphonies de Mahler. Cette musique a un aspect musique de foire qui, ajouté à sa qualité, convient parfaitement à la violence et la douceur des moments paradisiaques. Rien de plus pédagogique que le LSD pour rendre mélomane, on vit intensément cette musique. La descente de l'acide est moins plaisante, on reste là un peu énervés tout en retrouvant notre vieille conscience, à deux doigts de la mélancolie. Mais cette intimité supplémentaire nous enchante tous les quatre.

On prépare mieux la séance suivante. Gérard s'est procuré de l'opium pour pallier les inconvé-

nients de la descente du LSD. Nous sommes en
outre allés tous les deux louer un projecteur, un
écran et deux films, un pour l'acide, un pour
l'opium, qu'on apporte dans l'appartement. On est
les mêmes quatre que la fois d'avant, encore une
fois je suis le dernier à avoir le sentiment de décol-
ler, on écoute encore Mahler. Ensuite, on passe au
film des Marx Brothers. On a juste commis l'erreur
de ne pas avoir installé l'écran et, surtout, le projecteur et la première bobine avant la projection qui a
lieu à l'autre bout de l'appartement, dans le studio
où a vécu Thierry. Marc, fort de son sens pratique, s'y essaie mais ça met un temps fou où on rit
beaucoup, notre état nous rendant peu aptes à ce
genre de manipulations techniques. Après le film
qui est un succès, partie de mikado sur la moquette
du salon. C'est très difficile de jouer à quoi que ce
soit durant un acide parce qu'on ne peut jamais
être sûr d'avoir continûment les règles en tête ni
d'être bon arbitre de leur respect, faut-il vraiment
faire confiance à ses yeux hallucinés ? Jamais le rire
et la rigueur ne se marient autant. Quand c'est à
moi de jouer, je me donne un mal de chien, bien
jouer me paraissant une épreuve morale à laquelle,
loin de vouloir échapper, je suis exceptionnellement heureux de me confronter. D'où ma stupeur,
alors que j'estime me montrer sous mon meilleur
jour, lorsque Michel dit : « Là, ça suffit » avec le
soutien manifeste de Gérard et Marc, il semble y

avoir longtemps que les baguettes remuent tout ce
qu'elles peuvent sans que je m'en rende compte.
Mais que signifie longtemps quand des distorsions
temporelles s'ajoutent aux visuelles? Une seconde
après, on rit comme des drogués.

L'idée de l'opium est géniale. Au lieu, en fin
d'acide, d'avoir à nous coltiner une sorte d'énergie
dont on ne sait plus que faire – d'autant que le LSD
est épuisant, on dormirait volontiers si on n'était si
tendu –, au lieu de ça, on pénètre petit à petit dans
une douceur inconnue, l'extraordinaire activité
mentale des instants précédents se muant en une
sérénité inattendue. On est un homosexuel quin-
quagénaire et trois jeunes hommes, dont deux hété-
rosexuels. Rien ne pèse, même sur moi. Pourtant,
le film préféré de Gérard qu'on regarde pendant
ce premier opium d'après acide est *Citizen Kane*,
spécialement bouleversant, spécialement réussi
en ces circonstances. Après la projection, je parle
dans la grande pièce avec Michel qui chante les
louanges du vieil ami d'Orson Welles interprété par
Joseph Cotten et, pour faire le malin, pour jouer le
cynique à qui on ne la fait pas, malgré mon émotion
je dis que le personnage avec sa morale à tous crins
a un côté chieur, comme si, ainsi que d'habitude, je
me méfiais de la vertu, alors qu'en vérité dans l'instant je l'adore, une belle vie c'est une vie telle que
Joseph Cotten l'incarne. Ensuite, j'ai peur qu'il y ait
un malentendu rabaissant faussement mon image

auprès de Michel, celui-là même que je viens de créer de toutes pièces. Mais perdre nos esprits, en trouver d'autres, en récupérer d'anciens, tout nous est bon. Notre respect pour Michel non plus n'est pas un inconvénient. Le partage de l'acide en soi est une relation d'un ordre supérieur, inaccessible à la plupart des êtres. Michel est toujours nickel, de ce point de vue la drogue n'a aucun effet sur lui.

## 4

« Toi qui as décidé de ne jamais te marier », me dit au détour d'une phrase mon père alors qu'on parle dans son bureau aux éditions de Minuit de choses imprécises. Une telle conversation est rare parce que nos timidités s'accumulent et que mon père en général ne lâche pas la parole, démontrant avec talent ceci ou cela mais attentif à ce que les éléments personnels interfèrent le moins possible dans notre relation. Il est un maître de la conversation, toujours capable de faire ses choux gras de la moindre phrase qu'on lui concède.

Je ne relève pas les mots sur mon célibat annoncé qui ne me convainquent pourtant pas, ayant le sentiment de ne rien avoir décidé, et les cite même le soir à Michel chez qui je dîne pour manifester l'indépendance que je finis par acquérir envers mon père, à savoir ici comme je n'ai aucun mal à saisir le caractère inexact de sa déclaration. À ma surprise, Michel abonde dans son sens, me faisant comprendre que ma non-décision est une décision, que ceux qui se marieront organisent très tôt leur cadre de vie en conséquence, et j'admets facilement, par exemple, ne jamais m'être imaginé pourvu d'enfants. De la même manière, je n'ai pas décidé de ne pas travailler avec mon père dans sa maison d'édition ainsi que cela me semblait une évidence familiale depuis des années et des années – d'ailleurs, je m'y occupe d'une revue et passe tous les dimanches après-midi là-bas à lire les textes envoyés et y répondre. Seulement, puisqu'il y a précisément ce filet auquel je pourrai de toute manière me raccrocher après un échec, puisqu'il sera toujours temps, je choisis d'essayer au moins un autre travail, de découvrir un petit quelque chose du monde extérieur et de la population qui l'habite, tel un agoraphobe enfermé dans sa chambre qui tenterait un jour de grand courage et de beau temps une sortie jusque dans son entrée. Je ne sais rien, ne comprends rien de ce qui se passe en moi, et aujourd'hui encore je suis plein de cet abrutissement schizophrène.

Ce métier de journaliste auquel je m'essaie dans un stage sans terme fixé au *Nouvel Observateur*, je n'ai a priori aucun respect pour. Mon père manifeste autant de mépris pour la presse que pour l'édition telle qu'il ne la pratique pas lui-même si bien que je n'ai pu faire autrement qu'en être contaminé. Que cette hostilité apparente puisse être une stratégie, un avatar de son goût permanent de la compétition ne m'effleure pas l'esprit. Moi, mon mépris est réel. Je suis surpris, les premiers temps que je passe au *Nouvel Observateur*, d'y avoir à faire à des êtres humains, avec leurs défauts, certes, mais leurs qualités non moins évidentes. Pour moi, cependant, le monde réel est encore un monde idéal, celui de la littérature – c'est malgré tout à mon corps défendant que je me commets dans un autre, juste parce que la vie réclame d'en passer par là. Un jour, on souhaite au journal joindre Marguerite Duras parce qu'elle vient de vivre une chose particulière et que ce serait bon d'avoir la primeur de son commentaire. On me suggère de lui téléphoner. C'est en pleine réunion dans le bureau du directeur, il y a un monde fou et jamais je n'y ai pris la parole. Je réponds, comme un crétin qui n'aurait pas saisi que c'était précisément la raison de la demande, que Marguerite Duras vient de vivre une chose particulière, qu'elle n'est sûrement pas d'humeur à s'exprimer dessus, que, si elle le faisait, ce serait juste parce que c'est moi qui l'appelle et que, donc, ajouté-je dans un raisonnement incompréhensible, ce ne serait pas correct de l'appeler. « Ces scrupules vous honorent », dit Jean Daniel, provoquant les rires de l'assemblée tant il est évident qu'il faut cependant vite les étouffer. Je me résous à téléphoner à Marguerite Duras mais je transmets la demande sous une telle forme, la présentant peu ou prou comme ridicule et moi comme honteux de m'en faire le messager, anticipant si bien son refus qu'elle ne peut faire autrement que refuser. Mêler si grossièrement la presse et la littérature, je ne me le serais pas pardonné ni mon père non plus.

M'insérer dans le journal est une tâche vitale quoique, si mon père ne m'en avait pas parlé, je n'aurais jamais imaginé ce travail ni aucun autre. De toute façon j'écrirai, même si je sais mieux que personne, l'ayant entendu si souvent, qu'il n'y a pas d'argent à gagner dans cette affaire, qu'aucun écrivain ne peut compter dessus. Je suis si sûr d'être trop intelligent pour ceci, trop bête pour cela, qu'il n'y a aucune place pour moi nulle part à moins que, par habileté, je ne parvienne à tromper mon monde. Je suis d'autre part tellement habitué à m'ennuyer que toute activité m'amuse, ce qui fait de moi un plus agréable collègue.

Me retrouvant critique de cinéma, j'ai forcément le sentiment que mon opinion sur les films que je vois compte, et à la fois je ne me méprends pas sur mes compétences. Comme Michel et Hervé sont aussi très souvent invités aux projections et que chacun peut venir accompagné, on arrive à l'occasion en nombre et Michel, me désignant, dit parfois à l'attaché de presse éberlué qui l'identifie immédiatement que cet ensemble est ma bande. À l'inverse, il m'a aussi déjà interpellé d'un bout de la salle à l'autre pour me demander si ça ne m'ennuyait pas d'être critique, moi qui aime si peu le cinéma, et ça me réjouit aussi. Un jour, Hervé et moi voyons ensemble un film italien que je trouve au-dessous de tout tandis qu'Hervé l'adore. Michel y retourne avec lui et me raconte ensuite s'être mis dans les dispositions pour aimer le film qui l'a pourtant très rapidement assommé, et que, à la fin, quand il a essayé de dire quelque chose de favorable, Hervé a coupé court en disant avoir détesté l'œuvre dès le premier instant à cette seconde vision. Et on rit de cette farandole des opinions, comme il en est de desserts dans un restaurant où je dîne souvent avec Hervé et d'où on sort si gros qu'on imagine ne pouvoir rentrer chez nous qu'en roulant, ça m'est complètement égal qu'on ait méprisé la mienne, ça m'amuse même comme si elle était indépendante de moi, n'influait en aucune manière sur moi ni sur l'affection qu'on me porte. C'est rassurant.

Par son métier et sa manière de l'exercer, mon père attache le plus grand prix à ses propres avis et est heureux que d'autres en accordent autant, sinon plus, moi le premier. Un soir où je dis à Michel mon admiration pour Boileau et sa méchanceté, il me répond ne pas l'aimer pour sa part, et en particulier, à ce que je comprends, pour la façon dont la postérité a corroboré ses jugements, comme s'il avait somme toute été l'avant-garde de la correction littéraire. Dans un festival de cinéma à Hyères où le journal m'envoie, une femme écrivain que

je connais mal car elle est publiée chez un autre
éditeur me lance, quand elle sait qui est mon père,
qu'il est l'homme le plus prudent qu'elle connaisse.
Moi, j'ai plutôt l'habitude de le voir comme le plus
courageux, mais c'est dit sans malveillance et ça me
convainc qu'il n'y a pas opposition entre les deux.
À force de m'exposer avec des gens qui ne sont pas
de la famille, mon culte pour mon père et toute la
symbolique culturelle qui s'y attache rencontrent
soudain la réalité.

# RUE DE VAUGIRARD

1

Rétrospectivement, je n'en reviens pas : quand Michel m'annonce qu'il quittera Paris deux mois l'été et me propose d'occuper l'appartement durant ce temps – il le présente comme un service que je lui rends, les plantes du balcon nécessitant d'être arrosées quotidiennement –, j'accepte immédiatement. Une telle innovation, ce n'est pourtant pas mon genre. Il faut croire que l'appartement m'habite déjà. Il en est de plus grands, de plus luxueux, pas de meilleur. Y habiter est habiter la jeunesse même.

Il est constitué d'une immense pièce de plus de dix mètres de long bordée d'une baie vitrée qui lui donne, comme il est au huitième étage sans vis-à-vis, une grande luminosité. À un bout de cet énorme espace, il y a le coin Mahler avec les fauteuils dans lesquels, les jours d'acide, on s'enfouit dans une couverture pour en faire ce qu'on appelle notre nid tant c'est ce qu'évoque alors ce confort familier. Puis, sans cloison, vient le salon proprement dit avec le canapé devant la bibliothèque et quelques fauteuils aussi confortables en face, de l'autre côté de la table basse, et encore beaucoup d'espace jusqu'à la baie vitrée car la largeur également est conséquente. Sur un pilier près du canapé sont accrochées trois photos de Daniel, le compagnon de Michel, riant, heureux, des photos d'amour comme on peut le dire de chansons, à la joie contagieuse. Le salon continue dans ce qui est aussi la suite de la bibliothèque, bourrée de livres, une espèce de bureau qu'une cloison amovible permet de fermer mais qui est toujours ouvert. Michel y travaillait tant qu'il prêtait le studio : maintenant qu'il l'a récupéré, c'est le studio qui est son véritable espace de travail, le bureau désormais dévolu aux affaires courantes, papiers de banque ou courriers divers. Ensuite, ce qu'un étranger imagine être un placard clôturant l'appartement alors que, derrière ce passage plus ou moins secret, se trouve une surface vide de moins d'un mètre carré donnant sur une autre porte ouvrant sur le studio avec salle de bains et W.-C. – tout au bout, le lit dans lequel j'ai couché avec Thierry et rencontré Gérard étant également isolable par une porte double qui fait toute la largeur de la pièce. Un large balcon court le long de la baie vitrée qui, avec au bout un angle de quatre-vingt-dix degrés, longe tout le salon jusqu'au milieu du studio, lequel est éclairé la nuit par les lumières du centre de tri de la poste, en face. Le seul défaut, mais qui n'en est un qu'en présence de Michel, est que, venant du studio, il est impossible de frapper pour s'annoncer sur la porte cachée donnant dans le salon car elle est calfeutrée et ne produit aucun bruit, au risque d'être indiscret. L'appartement a la taille pour abriter toute une famille et c'est évidemment ce pour quoi il n'est pas conçu – ça, c'est le luxe des luxes.

Par un processus mystérieux qui a la grâce d'un conte de fées, c'est instantanément chez nous. Car, tout naturellement, j'emménage avec Gérard, Michel n'ayant apporté aucune précision contraignante à sa proposition : que je sois rue de Vaugirard comme je veux, avec qui je veux. À mon idée, j'ai toujours vécu seul, quoique mon existence chez mes parents représente l'immense majorité de ma vie, que l'appartement où j'ai grandi soit pour moi l'archétype de l'appartement bourgeois, plus ou moins semblable à ceux des parents de mes amis d'enfance et si différent de celui-ci. M'installer avec Gérard n'apparaît que comme une parenthèse dans ma solitude ontologique.

Nous si timides, si sauvages, on trouve l'appartement parfait pour vivre à deux : il y a place pour l'un dans le studio et pour l'autre dans la chambre de Michel, située en retrait à l'autre bout, à la même latitude que les W.-C. principaux et la cuisine, parallèlement au début du salon, entre l'espace Mahler et l'espace canapé.

Marc travaille juste à côté, Hervé habite en face, je peux lui parler du balcon si je hausse la voix et qu'il a la fenêtre ouverte. On devient des solitaires vivant en bande. Car il nous semble vite habiter l'appartement à beaucoup plus que deux, habiter signifiant tant de choses, on en était déjà occupants par la force des acides avant d'en avoir eu la clé. Souvent, revoyant de vieux amis, je les entendrai s'exclamer avec émotion : « Ah, la rue de Vaugirard ! », comme si, eux aussi, ça leur remémore les plus fameux instants de leur vie, alors que j'ai plus ou moins oublié dans quelles circonstances ils y sont venus.

Marc passe dire bonjour dès qu'il a un instant de libre ; un samedi, après déjeuner, il arrive accompagné d'une amante et elle propose de nous emmener dans une piscine située sur le toit d'un immeuble, trois rues plus loin, à laquelle elle a accès car y vit une amie à elle. Il fait chaud, on accepte de bon cœur. C'est un de ces perpétuels petits événements qui nous surviennent depuis qu'on est installés ici. Même moi, dans cet environnement, je vois s'estomper mon infernale prudence pour qui cette visite chez des inconnus serait normalement une aventure. Habiter cet appartement n'aurait aucun sens si c'était pour en refuser les effets.

On est seuls autour de la piscine à l'exception d'un adolescent qui s'ennuie et nous adresse la parole. C'est un Anglais de quinze ans qui passe ses vacances ici parce que ses parents ont échangé leur appartement mais il ne parle pas un mot de français et ne connaît personne à Paris. Il est très sympathique, tout de suite a l'air de bien nous aimer et, compatissant à une situation qui nous évoque notre propre adolescence, on lui propose d'aller prendre un verre. Acceptation enthousiaste. Il faut évidemment demander l'autorisation aux parents. On s'y colle tous les cinq, profitant de ce que Marc est avec une amante, une fille nous semblant rassurante pour des parents que trois jeunes hommes seuls pourraient inquiéter. Ils ne manifestent pas la moindre réticence. À force d'être toujours fourrés dans l'appartement, en fait on n'a pas vraiment notre café dans le quartier et on ramène tout bonnement Anthony à la maison.

L'appartement l'estomaque illico, lui aussi doit sentir y flotter quelque chose de Michel – semblable en tout, l'appartement ne serait cependant pas le même s'il n'était pas le sien, on comprend tous que l'espace ne suffit pas à lui donner son caractère exceptionnel. En nous quittant après un temps raisonnable, Anthony nous propose de revenir le chercher demain, si ça ne nous ennuie pas.

Ce qu'on fait, demain et encore demain, à chaque fois en délégation de quatre, les trois garçons et une amante de Marc différente de jour en jour, la présence d'une fille nous paraissant plus un avantage que ne nous semble un inconvénient le fait qu'elle change à chaque occurrence. Les parents sont si peu méfiants, nous abandonnant leur fils avec ce qui nous paraît une désinvolture dont on est heureux pour l'adolescent qu'elle tombe aussi bien, que ça participe de l'amusant de la situation, comme si tout ce qui a à voir avec l'appartement de la rue de Vaugirard se retrouvait nécessairement marqué d'un sceau de naturel, de facilité. Le troisième soir, en partant, Anthony, toujours bien élevé, nous demande s'il peut venir demain. « Bien sûr. » Il dit qu'il est inutile d'aller le chercher.

Désormais, il vient tous les jours. À ceci près qu'il n'y dort pas, il habite comme nous l'appartement. On est désolés de ne pas connaître de garçons de son âge pour les lui présenter. Rendre ces vacances le plus agréables possible à l'adolescent devient notre tâche.

On vit notre vie à notre aise sans qu'il nous freine en rien, tentant seulement de l'y agréger. On continue à prendre de l'acide, et ça participe à l'aventure commune avec Anthony. On ne lui en propose pas, naturellement, on l'avale en cachette quand il arrive trop tôt pour qu'on ait pu le faire avant. Mais l'aspect ludique du LSD, maintenant que, avec l'expérience, on le maîtrise correctement, nous donne une complicité approfondie avec lui, l'âge n'est plus un obstacle ainsi qu'on l'a déjà expérimenté en sens inverse avec Michel. Le salon est assez grand pour que, comme s'il fallait profiter de tout, nous vienne l'idée de jouer au frisbee à l'intérieur et ce sont des parties épiques, passionnées, où le rire empêche notre adresse d'être ce qu'elle devrait – on rate les coups les plus faciles quand on est pliés en deux à se tenir les côtes et que l'échec est un humour supplémentaire – et où Anthony semble émerveillé. En outre, on a toujours peur que le projectile vienne heurter le tableau de Picabia accroché dans le coin Mahler et qu'on protège donc comme une sorte de Fort Alamo, mêlant le jeu de bravoure à celui d'adresse, le mikado et le western. On a vingt-cinq ans et soudain le sentiment d'apparaître comme des adultes inhabituels. Marc, certes, est moins présent à cause de son boulot mais Gérard, qui vit de chantiers au noir et n'en a pas pour le moment, et moi qui suis très libre de mes horaires durant l'été semblons avoir comme unique occupation dans l'existence de la passer dans un appartement magnifique en jouant à n'importe quel jeu, et encore Anthony ne sait pas que c'est en nous nourrissant de LSD. Tandis que nous, si l'adolescent n'était pas là, on ne remarquerait même pas que notre vie prend un tour si choisi.

Anthony vient de plus en plus tôt, reste de plus en plus tard, parfois dîne avec nous dans l'appartement, nous aide à arroser les plantes du balcon qui est notre mission, après le coucher du soleil d'été. Elles n'ont pas l'air d'aller bien, d'ailleurs, mais l'horticulture n'est pas notre spécialité.

Il nous parle des filles, petit à petit. Sans doute, plus intuitif que ses parents, juge-t-il cela plus prudent. D'ailleurs, c'est avec Gérard et Marc qu'il se révèle le plus à l'aise quand il s'agit de faire semblant de se battre et autres jeux de garçons. Avec moi, il est plus sur la réserve, comme flairant mon éventuel désir. Il nous révèle être encore puceau sur un ton qui nous incite à vouloir changer cet état de chose. On pense à Valérie dont tous trois savons les charmes et la liberté. Je ne l'ai pas appelée depuis des années, le fais pour lui proposer le marché qu'elle rejette, ce qui me scandalise tant l'adolescent est séduisant et consentant (je m'imagine faisant abstraction de mon horrible timidité pour sauter sur l'occasion si Anthony l'avait tenue comme telle mais, clairement, il n'est question que d'une fille). La manière dont l'offre a été faite justifie le refus de la proposition qui ne se refuse pas. Ça m'amuse de m'occuper de l'affaire, ça me fait rire jusqu'à ce que Gérard me fasse remarquer la grossièreté de cet entrain exagéré en présence d'Anthony. Je me souviens du soir, quand je connaissais Valérie depuis quelques mois, où sa sœur m'avait parlé intimement et simplement, don manifestement de famille, en m'évoquant un amoureux d'adolescence qui voulait absolument faire l'amour avec elle. « Moi, je n'y tenais pas. Et jour après jour il insistait, et à la fois je n'avais rien de franchement contre, alors un soir j'ai cédé pour lui faire plaisir. Mais ce que je n'avais pas compris, c'est qu'à partir de ce moment je n'avais plus de raison pour refuser. Ça a duré des mois, à la fin il a fallu que je me fâche avec lui alors que je l'aimais bien », avait-elle conclu en riant et ce ton pour parler de l'amour physique, qu'on ne soit pas obligé d'en faire des tonnes, ça m'avait plu. J'ai manifestement du mal à l'adopter moi-même.

Gérard a l'idée des projections. Moi, je n'aurais jamais osé mais j'adore sa capacité à profiter des choses agréables, c'est le meilleur moyen de les mériter. Comme, en tant que critique, je vois toujours les films en avant-premières et que, en cette saison, les salles sont souvent aux trois quarts vides, j'ai moins de scrupules à demander à des attachés de presse si je peux venir franchement accompagné. Pour le coup, on y va en bande. C'est ainsi qu'Anthony pénètre pour la première fois de sa vie dans une de ces salles privées, voyant en version originale des films américains pas encore sortis en Europe, cumulant l'avantage d'une séance particulière de cinéma à celui de retrouver sa langue à l'étranger – comme on lui parle anglais et qu'il ne voit que nous et ses parents, il ne fait pas le moindre progrès en français. On l'invite à dîner au restaurant après le film, il a l'air vraiment content. Ça nous plaît que ses vacances sinistrement débutées tournent au succès. Ce que souhaite évidemment Michel, c'est que l'appartement de la rue de Vaugirard soit bénéfique au plus grand nombre.

Un dimanche, Anthony arrive le matin à huit heures et demie. Il est bien reçu et, fidèle à lui-même, est toujours là à midi, quand Gérard et moi partons déjeuner chez nos parents. On ne sait pas quoi faire, quoi lui dire. On n'ose pas le mettre dehors, alors on le laisse seul dans l'appartement. Lorsqu'on rentre à peu près en même temps, pressés, un peu inquiets, il est en train de finir la vaisselle qui restait dans l'évier, le reste de l'appartement étant briqué dans un ménage gigantesque. On ne savait pas quoi lui dire, on n'a qu'à lui dire merci.

On vit contents et on voit cependant arriver sans crainte la fin du moins d'août. Le charme de l'appartement est aussi d'être temporaire, une adresse de vacances actives dont on a toujours su qu'elles finiraient. On ne se souvient même plus de la date exacte à laquelle rentre Michel. « En tout cas, il n'est pas assez con pour revenir le 31 août sans y être forcé », dit Gérard, me faisant rire de transgresser pour de faux un tabou implicite, tant l'intelligence hors norme de Michel est une évidence qui, on ne sait pas exactement comment, participe à la fois au plaisir de son amitié et au resplendissement de l'appartement. Il ne revient d'ailleurs sûrement pas non plus le 1$^{er}$ septembre, n'étant pas lié par les dates réglementaires qui régissent tant de vacances, probablement le 2 ou le 3, nous rappelons-nous vaguement. On décide de faire une soirée d'adieu à l'appartement le 31 août, y invitant tous ceux qui y sont passés durant l'été, et on aura bien assez du 1$^{er}$ septembre au matin pour tout laver et ranger, puis déguerpir largement à l'avance. Anthony est le premier convié à cette dernière fête.

Chacun s'intéresse à lui dont l'âge jure dans cette assemblée, s'étonne de sa présence et encore plus après que l'adolescent l'a expliquée, personne n'a de tels parents sur lesquels pour notre part, Marc, Gérard et moi, on ne l'interroge jamais, craignant que ce soit leur indifférence, après tout, qui lui octroie une telle liberté. Anthony n'en parle pas. On a acheté des flopées de trucs froids à grignoter tout en restant vautrés dans les endroits les plus confortables. Soudain la porte s'ouvre : Michel. C'était bien pour le 31 août qu'il avait annoncé son retour sans crainte d'être pris dans des encombrements. Le temps qu'on l'embrasse, il est remis de sa surprise et nous de notre gêne et il s'installe dans le canapé sans

qu'on soupçonne encore ce que deviendra la soirée. On lui fait les plus grands compliments de
l'appartement. Soudain encore, il doit être vingt-
deux heures, encore on sonne. C'est Corinne, la
sœur de Valérie. Elle va mal, ces temps-ci, et on
lui a dit de venir quand elle voulait. Elle aussi est
étonnée de l'affluence, et que Michel en fasse partie ; lequel, de son côté, s'amuse de cette arrivée
supplémentaire, comme si, malgré les dimensions
de l'appartement qui nécessiteraient un énorme
nombre de figurants pour rendre la scène efficace,
on tentait d'y rejouer le fameux gag de la cabine
surpeuplée des Marx Brothers. « Je vais dormir
chez Daniel », dit Michel en nous abandonnant
gaiement.

Je dîne encore rue de Vaugirard le 1ᵉʳ septembre, seul avec Michel. Avec Gérard, on s'est
levés aux aurores pour faire plusieurs machines de
draps, lavage, séchage, passer l'aspirateur partout,
rendre l'appartement impeccable, sans aucune aide
d'Anthony cette fois-ci, et on est partis suffisamment tôt pour ne pas que Michel ait encore à nous
rencontrer avant de pouvoir être enfin seul chez
lui. Il a téléphoné l'après-midi pour me voir le soir
et m'y voici. Je sonne, n'utilisant pas ma clé. Les
choses reprennent leur cours. Michel m'ouvre avec
son petit rire qui semble un sourire si large qu'il
lui faut encore plus s'extérioriser et mon expres-

sion ne doit guère être différente. Voir Michel, être assuré de sa présence me rend immanquablement joyeux.

Ça explique pourquoi l'entrée de cet appartement m'est si gaie. C'est une curieuse pièce oblongue d'un mètre sur quatre, pas très bien éclairée, avec un portemanteau presque invisible à son fin fond. Ce qui la rend mystérieuse est sans doute que, pour la quitter et pénétrer dans le salon, il faut franchir une porte de dimension inhabituelle, a fortiori pour une entrée. Du salon, quand elle s'ouvre ou se ferme, comme elle monte jusqu'au plafond sur trois ou quatre mètres de largeur, on dirait un pan de mur mobile.

Il s'avère que les plantes, malgré nos soins consciencieux car pas un seul soir on n'a oublié de les arroser, fût-ce entièrement défoncés à trois heures du matin, les plantes sont mortes. Au ton sur lequel Michel me l'apprend, je peux m'exonérer de toute responsabilité. Ce qui l'intéresse est Anthony, qui était ce garçon. Je lui raconte l'histoire qui le passionne, comme si c'était exactement pour ça qu'il nous avait prêté l'appartement, tant pis pour les plantes. « J'ai tout de suite senti qu'il n'était pas content de me voir », dit-il à la fin, signifiant qu'Anthony a interprété ce retour comme sa propre exclusion de l'appartement (mais, de toute manière, ses parents le ramènent en Angleterre de façon imminente). Il doit sentir

aussi à quel point, moi, je suis content de revoir
le légitime propriétaire, malgré le déménagement
que cela m'entraîne.

## 2

Dès l'hiver, Michel étant invité à donner des cours aux États-Unis, on se réinstalle dans l'appartement, comme si de rien n'avait été. Au contraire, confort supplémentaire, la saison et nos soins précédents nous délivrent du souci pas trop prégnant des plantes du balcon.

Un après-midi, je rencontre pour la première fois un garçon plus jeune que moi avec qui je corresponds depuis des années. Il souhaite être écrivain et ses lettres m'ont donné de lui une image un tantinet rimbaldienne, passant sans cesse d'un pays plus ou moins exotique à l'autre en y exerçant diverses activités pour gagner sa vie, tel garçon de café. La rencontre physique, ses récits perpétuent la sympathie, l'attirance. Je lui propose de passer prendre un verre le soir dans l'appartement, ce qui se fait. La sympathie, l'attirance sont de plus en plus évidentes. Le garçon boit, énormément, ce qui est conforme à son profil de jeune aventurier littéraire.

De notre côté, Gérard et moi sommes exceptionnellement sobres, ce soir on n'a rien avalé d'hallu-
cinogène ni de rassérénant. On parle beaucoup et,
la nuit déjà bien avancée, je signale au garçon qu'il
peut rester dormir. Pierre-Jean craint d'abord que
ça ne fasse un problème avec Gérard, se mépre-
nant sur notre relation, mais Gérard s'éclipse par le
placard du salon pour rejoindre le lit du studio en
signe d'approbation pleine et entière et Pierre-Jean
accepte sans scrupule.

Il se déshabille à moitié, et je me mêle pour
l'autre moitié. On s'allonge nus et moi qui ne bois
jamais d'alcool ai vite la sensation d'être ivre rien
qu'à me gorger de son haleine en l'embrassant. Pas
autant que lui qui s'endort tandis que je m'échine
encore sur son corps, le sommeil semblant le plus
grand plaisir accessible à Pierre-Jean dans sa soûlo-
graphie. Je reste tout bête avec mon désir ni accepté
ni refusé et c'est une bonne nuit quand même.
Notre envie de nous revoir on ne sait pourtant pas
quand est clairement réciproque lorsque Pierre-
Jean quitte l'appartement puis Paris et la France
pour Londres le matin.

L'après-midi, je vais avec Gérard à une projection d'un documentaire ethnographique dont je
dois faire la critique. Après l'opium, c'est la morphine qui se révèle inaccessible, mais on a trouvé
de l'héroïne. On en prend avant d'aller au cinéma

et c'est ma première fois. La salle de projection est presque vide – le film dure plus de trois heures et est destiné à un public restreint –, on est enfoncés dans des fauteuils moelleux comme des lits, je ressens avec un léger décalage temporel la joie d'être amoureux : j'ai du mal à garder les yeux ouverts mais le film, pour ce que j'en vois, est en complet accord avec mon état, je le trouve passionnant et en fais un compte rendu enthousiaste qui provoque la moquerie de Gérard – comment recommander un film que je n'ai pas pu suivre attentivement ? – et que je ne juge cependant aucunement mensonger. Il faut que l'œuvre soit talentueuse pour si bien m'accompagner, moi et mes sensations. Telle la morphine, l'héroïne n'a certes pas le goût de l'opium, mais elle en a la douceur. À son retour à la normale, les effets dissipés, je m'angoisse un peu de ne pas pouvoir joindre mon amoureux qui n'a pas encore d'adresse en Angleterre.

Il y a un paquet, bonbons ou petits gâteaux, enveloppé sur la table basse du salon. « Si on les mangeait ? » dit Gérard. Naturellement, je me récrie, un tel un acte irait contre mon idée de la politesse. « Michel est parti trop longtemps, ils seront perdus », insiste-t-il et je cède. Ce sont des biscuits et ils sont excellents, même si un soupçon de mauvaise conscience m'en gâte la saveur. Hervé passe le soir pour qu'on sorte dîner et je lui en propose en riant, faisant référence à un livre pour adolescents lu en son temps où un trio de gamins turbulents offre à leur précepteur une part du gâteau qu'ils sont censés rapporter pour tout le monde et qu'ils dévorent de leur côté – de sorte que, au moment du dessert, quand les parents s'étonnent de son absence, ils déclarent avoir mangé le gâteau « avec monsieur l'abbé » qui n'en peut mais. Compromettre Hervé qui ne demande pas mieux me semble de bonne politique. Les biscuits ne passent pas la soirée.

J'ai un autre sujet de préoccupation le lendemain. Ça me gratte. De plus en plus. Je vais chez un médecin qui diagnostique sans recours la gale. Je suis furieux, je l'ai déjà eue, c'est l'enfer pour s'en débarrasser. La fois précédente, j'étais allé prendre un bain de gale à l'hôpital Saint-Louis où on s'était retrouvés à une dizaine d'hommes et de garçons, nus dans une grande bassine devant une infirmière demeurant très professionnelle devant ce spectacle, de fait peu érotique même pour moi, et qui nous peignait la peau en jaune au rouleau avec un produit dont un des effets est de brûler les parties du corps les plus sensibles que la nudité permet d'atteindre facilement. Je n'ai aucune envie de recommencer, je m'achète le produit en pharmacie et me l'applique moi-même, nu sur la moquette du salon où je danse d'un pied sur l'autre tout en tâchant de résister le mieux possible à la sensation de feu.

Quand, le lendemain, Gérard rentre je ne sais d'où, je lui annonce ce qu'il en est et que lui aussi doit s'asperger du produit. « Mais il ne faut pas faire le traitement en même temps pour qu'il soit efficace ? » dit-il. J'ai oublié mais c'est ainsi qu'il aurait fallu procéder. On se retrouve à poil tous les deux et je recommence l'application dont l'effet ne se fait pas attendre : le produit est trop fort, deux applications en vingt-quatre heures ont pour conséquence immédiate une irritation d'envergure.

En plus, la lutte anti-gale a ses procédures, ses protocoles pour tout. Il faut laver les draps à une température élevée, puis les relaver, passer du DDT partout – c'est la première fois qu'on perçoit la taille de l'appartement comme un défaut. Le seul avantage est qu'au lieu de tanner Gérard avec mon amour pour Pierre-Jean, je peux maquiller mon inquiétude amoureuse en précaution sanitaire, il faudrait avertir le garçon qui est sans doute possible le contaminateur. Ça me gratte et, effet premier de l'irritation, je ne dois pas me gratter. Je suis tellement nul pour la vie quotidienne que je n'ai pas osé mettre la machine à laver en marche avant que Gérard soit là, comme si son aide m'était indispensable même pour ça. Mais il a un rendez-vous, il faut qu'il ressorte. « Je suis sûr que tu vas être fichu d'y arriver », me dit-il en partant.

J'essaie. La machine à laver est dans la cuisine, jusqu'à présent ce n'est jamais moi qui m'en suis occupé. Je n'en ai pas chez moi mais me crois en effet capable de maîtriser un tel engin dont l'usage n'est pas circonscrit à des spécialistes. Je tourne le bouton de la température pour le mettre au maximum, comme nécessaire, et le bouton me reste dans la main. Je suis tout seul dans l'appartement, loin de mon nouvel amoureux, nu de pied en cap, couvert d'une lotion immonde, brûlé, gratteux – mon moral flanche un peu. Je trouve le numéro du service après-vente de Brandt dans l'annuaire, j'appelle, je passe de service en service et on finit par me dire qu'il faut aller racheter la pièce cassée dans leur usine d'un coin inaccessible de banlieue où elle me coûtera quatre-vingt-dix-huit centimes. Ce faible coût par rapport à l'immense dérangement ajoute sa touche de miteux à mon accablement. Je vais cependant à la gare Saint-Lazare, je ne me trompe pas de train, je ne me trompe pas d'autobus à la sortie de la gare, les bureaux ne sont pas fermés quand j'arrive, il leur reste encore des boutons en stock et je rentre rue de Vaugirard mission accomplie. Je raconte ma journée à Gérard qui est déjà revenu avec l'espoir de lui donner mauvaise conscience pour m'avoir laissé faire une machine tout seul, comme s'il m'avait abandonné en pleine jungle, mais ça le fait juste rire, ce qui me va aussi. Son unique pénitence est de placer le nouveau bouton et de le tourner lui-même, pour plus de précaution.

On sonne à la porte principale alors qu'on n'attend personne. C'est Daniel, l'ami de Michel qui ne l'a pas accompagné aux États-Unis, et il ne peut faire autrement que constater combien l'appartement est couvert de DDT, poudre blanche de mauvais augure, ne faisant cependant aucune remarque, s'excusant de nous déranger. Ça n'empêche qu'on est gênés. « Je suis juste venu chercher les biscuits de régime que Michel a fait préparer pour moi », dit-il.

La rue de Vaugirard est une bénédiction et une malédiction. Il n'y a personne au monde envers qui on souhaite se conduire plus impeccablement que Michel, c'est le témoignage logique de tant d'affection et de respect, et immanquablement on se retrouve comme des gougnafiers. Je l'ai mauvaise de devoir, moi qui étais si plein de réserve pâtissière, expliquer la situation à Daniel mais je m'y colle et il n'a pas un mot de travers à la fin de mon pauvre récit. Il repart sans ses biscuits. Seuls dans l'appartement, on rit de honte.

En me parlant d'amis communs dont le père est prix Nobel, mon frère me demande dans quelle mesure les gens qui les approchent ne cherchent pas à approcher leur père. Je me rends compte, et c'est évidemment ce qui intéressait mon frère, que la question peut se poser pour nous, toutes proportions gardées. Je n'y ai jamais pensé auparavant. Qu'on veuille m'avoir pour ami m'est si extraordinaire que je n'ai jamais eu l'idée d'aller en outre enquêter sur le mobile. La littérature m'excite, qui sait si ceux qui sont dans le même cas que moi ne sont pas excités par moi, par apparentement littéraire ? J'ai rencontré épistolairement Pierre-Jean par la revue dont je m'occupe, *via* ses textes que j'y ai publiés. Sa correspondance est vite devenue chaleureuse, ouvrant la voie à la suite. Peu m'importe ce qu'il aime de moi pourvu qu'il m'aime. Juste avant qu'il ne quitte Paris, je lui ai dit, car je venais de l'apprendre, qu'un poste de manutentionnaire se libérait aux éditions de Minuit et que je pourrais m'entremettre pour qu'il l'obtienne, ce ne serait pas pire que garçon de café et il serait à Paris, ambition qui est au demeurant plus la mienne que la sienne. On se recontactera donc à ce sujet, aussi. Mais je n'ai pas de nouvelles et j'en souffre obsessionnellement. Je tombe sur *Fragments d'un discours amoureux* dans la bibliothèque du salon, un des rares livres de Barthes que je n'ai pas lus, et je m'en repais. Je le feuillette sans cesse, petit chapitre par petit chapitre : tout est là.

Plusieurs semaines après que mon amoureux a disparu, alors que, désespéré, je n'ai toujours aucune nouvelle, je passe chez moi avec Marc prendre des affaires propres et relever mon courrier, Pierre-Jean n'ayant pas forcément noté l'adresse où on a dormi ensemble. Bingo. J'ai une carte postale, provenant non de Londres mais de Sydney, ce qui ne promet pas une rencontre très prochaine, et qui s'achève par les mots « Je t'aime ». De joie, je la fais lire à Marc, comme un coq, comme une preuve, avant de retourner plus gaiement rue de Vaugirard.

L'amour est excellent comme sentiment mais il n'est pas mauvais non plus comme pratique et celle-ci me manque. J'entame avec Pierre-Jean une correspondance trop dépourvue d'action à mon goût, une relation amoureuse a un autre charme quand on se voit et tout ce qui s'ensuit. Je me rabats de nouveau sur *Fragments d'un discours amoureux*.

Je n'ai pas revu Pierre-Jean quand Michel rentre. Je lui en parle dès que possible et Michel m'écoute avec une attention sans lassitude à laquelle les amoureux sont sensibles. Je lui en reparle encore, au dîner suivant puis régulièrement au téléphone. Pierre-Jean revient en France mais pas à Paris, c'est compliqué de se voir, des dissensions apparaissent. Je ne sais pas quoi faire. Pour n'importe quoi, je demande conseil à Michel qui m'en donne volontiers sans les lester d'aucune nécessité. Il ne croit pas qu'ils sont forcément bons, il me décharge juste de la responsabilité d'avoir agi ainsi ou ainsi de ma propre initiative. Je lui fais suffisamment confiance pour accepter les conséquences de ma conduite comme un fait inéluctable et non comme le résultat d'une tactique idiote. Cette efficacité-là, personne ne peut la retirer à ces conseils ; pour le reste, Michel n'est pas maître de la situation.

En vérité, je m'en remets à lui sans m'en rendre compte. Jamais je n'aurais imaginé avoir une telle intimité avec un homme de cet âge, a fortiori avec lui. Je lui suis si dévoué que je n'ai aucun mal à supposer que Michel me le soit aussi, toute sa conduite le montre, pas à le supposer mais à l'avoir intériorisé sans y avoir réfléchi.

En parlant d'autre chose, Michel m'apprend plus tard, en passant, que la machine à laver, on ne sait comment, a provoqué durant mon séjour une inondation chez les voisins du dessous.

## 3

L'histoire avec Pierre-Jean capote en me laissant l'alcool en bon héritage. L'ivresse tirée de son haleine, le premier soir, m'a éduqué. Dans le bar où je traîne avec Hervé, pour trouver le courage de transformer mon désir en jouissance, pour aborder celui dont sa beauté fait un être inaccessible, je bois désormais un gin tonic ou deux, sans compter ceux que le déroulement du reste de la soirée nécessite. Un soir, après qu'Hervé m'y a laissé seul par délicatesse, je m'attaque à un garçon qui me plaît terriblement. Je vois bien qu'il n'est pas décidé au début mais j'ai confiance en ma conversation et, de fait, le ramène chez moi en toute fin de soirée. Nuit étrange. J'ai la sensation d'en être amoureux et le pressentiment que je ne le reverrai jamais. Après le sexe, je fais exprès de ne pas dormir pour me gaver de sa présence et de sa nudité. Il ne laisse pas de numéro de téléphone au matin. Je n'arrive pas à le revoir et c'est une désolation.

Si j'ai saoulé Michel avec Pierre-Jean, ça devient de l'acharnement avec Valentin qui a au moins l'avantage de créer un environnement plus joyeux à la relation que Pierre-Jean. « Oui, disons qu'il est plus badin », me répond Michel amusé quand je crois bon de lui expliquer la différence entre mon ancien et mon nouvel amoureux. Ça convient mieux à Valentin mais l'histoire n'est pas glorieuse non plus. « Après tout, tu ne l'as jamais vu à la lumière du jour », me dit Hervé quand je le tanne avec sa beauté puisque Valentin, rencontré à la nuit tombée, a quitté mon appartement tôt le matin et ne m'a plus offert d'occasion de poser les yeux sur lui. Il appelle parfois, ne dit pas quand il rappellera, si bien que j'ai toujours peur de rater une apparition téléphonique en sortant de chez moi.

Je dîne seul avec Michel rue de Vaugirard le soir de mon anniversaire. C'est du moins ce qui est prévu mais, peu à peu, sortent de derrière les fauteuils, le canapé et le faux placard du studio Gérard, Hervé, Marc, Didier, Hélie. Hélie est un ami d'enfance perdu de vue au milieu de l'adolescence et qui est réapparu, Didier un nouvel ami à qui j'ai facilité la rencontre avec Michel. Une surprise est tellement peu dans ma tradition familiale que c'en est une complète. Je suis touché, bien sûr, mais ce n'est pas ce que j'attendais même dans le domaine de l'inattendu. « C'est Valentin que j'aurais adoré voir », dis-je à Gérard qui, comme s'il prenait pour lui l'échec de ne pas avoir pu l'amener, me répond : « Je sais. J'aurais bien aimé. »

Entre le moment où Michel annonce qu'il va voyager, ce qui est maintenant sa discrète manière de prêter l'appartement comme si ce serait une aberration de le laisser inoccupé le moindre jour, et l'instant où on emménage, je n'ai pas eu de coup de fil de Valentin, si bien que je n'ai pas pu lui donner le numéro auquel je serai désormais joignable. L'installation rue de Vaugirard, nom générique qui désigne désormais l'appartement et son mode de vie, est donc un peu moins joyeuse que d'habitude, joyeuse cependant. Par chance, un jour où je vais chercher des affaires chez moi, Valentin appelle et rappelle trois jours plus tard rue de Vaugirard, et le fait régulièrement, des coups de téléphone interminables, où le plus souvent je suis seul dans l'appartement ensoleillé, lumineux, trop grand pour moi, et que je prolonge le plus que je peux sans en avoir trop l'air, profitant du fil interminable pour marcher de long en large dans le salon ou m'asseyant en tailleur sur la moquette. Un soir, Valentin fixe un rendez-vous dans une station de métro. À l'heure dite, il n'y est pas, ni non plus une heure plus tard quand je renonce enfin à l'attendre, décision qui est un déchirement. Je rentre rue de Vaugirard raconter mon malheur à Gérard mais personne ne peut rien y faire. Valentin ne rappelle plus.

Un matin, je sors du lit de Michel avec présent à l'esprit mon rêve de la nuit, aussi simple dans son récit que dans son interprétation : je faisais l'amour avec Valentin. Le réveil est rude. Je suis désolé comme un paysage. Quelque chose de ma vie m'échappe à jamais, jamais je n'ai vu si concrètement comme le bonheur est inaccessible. Gérard me dit d'en finir avec Valentin, conseil appuyé si peu dans sa manière qu'il manifeste l'assurance du conseilleur en sa solution, la faiblesse que ce serait de ma part de ne pas m'y soumettre. J'essaie d'oublier. À une fête, je drague tout ce qui se présente, un garçon avec qui ça ne marche pas, un autre garçon avec qui ça ne marche pas, une fille avec qui ça marche. Je la ramène rue de Vaugirard. Petite nuit. Ça fait des années que je n'ai pas passé une nuit avec une fille et ce n'est pas une fille qui me délivrera de Valentin, ni une fille ni personne que lui.

La dernière fille avec laquelle j'ai couché avant celle-ci remonte à plusieurs années. Elle était alors une ancienne amante revenue dans mon studio avec l'intention d'y rester pour la nuit et elle m'avait parlé d'un amant à elle, répétant que ce type avait dit de moi, en une phrase lapidaire concentrant tous les reproches, que j'étais pédé, drogué et ami de Michel Foucault. J'avais répété la phrase à Hervé, n'osant pas à Michel, mais Hervé s'était chargé de la transmission au quart de tour et Michel avait été ravi, n'ayant jamais soupçonné pouvoir être à lui tout seul un vice aussi établi que la drogue et l'homosexualité. Moi, de mon côté, j'en avais profité pour en vouloir au garçon : parce que c'était comme si je venais de la droite, que j'avais la priorité – ce serait trop dommage de ne pas se fâcher avec quelqu'un quand on a plein droit de le faire. Et là, cependant, je ne parviens pas à me brouiller avec Valentin, alors même que ce serait évidemment le mieux à faire, ce ne serait pas seulement avoir raison mais raison garder.

Après Pierre-Jean, Valentin : c'est amoureux que j'habite l'appartement qui devient la version spatiale de mon exaltation et de ma volonté de la neutraliser. *Fragments d'un discours amoureux*, encore : je ne le lis jamais chez moi, toujours rue de Vaugirard. Je suis en plein dans ce que Barthes appelle le « *non-vouloir-saisir* », dans la nécessité de renoncer pour de bon à mon amoureux, que ce ne soit pas une stratégie d'indifférence mais une éclatante et terne réalité. Je n'y arrive pas. Pour moi, c'est ça, cet orgasme négatif, qu'on devrait appeler la petite mort, quand il faut suicider de force une partie de soi.

Je sais que je suis encore jeune mais j'ai la nostalgie de la jeunesse. Je la vois comme une chance, une occasion unique. Je ne dois pas me rater.

On dirait aussi un café, une maison de rendez-vous : tous nos amis y passent quand ils sont dans le quartier et que nous habitons rue de Vaugirard, c'est toujours là qu'on se retrouve avant de dîner. On y rencontre Richard, le garçon vivant avec Didier, qui, apprenant que Gérard a un pressant besoin d'argent, lui propose un contrat de trois mois à Europe Assistance où lui-même a un poste plus ou moins important. Malgré sa hantise des patrons, vu la situation, Gérard accepte. Au boulot, les précédents intérimaires recrutés par Richard montrant aisément la filière, tout le monde le prend pour un homosexuel. Il craint que ça le gêne dans la relation qu'il voudrait entamer avec une fille mais pas du tout. Au contraire, Véronique acquiert vite une intimité avec un garçon si séduisant et qu'aucun grossier appétit sexuel n'entraîne vers elle, de sorte qu'elle est tout heureuse d'être un jour détrompée et que l'appétit sexuel réciproque, grossier, délicat, soit étanché jour après jour. Car ils s'installent ensemble et, quand Gérard et moi de nouveau récupérons (on commence à prendre ce ton, ça fait partie du jeu) la rue de Vaugirard, elle en est aussi.

De mon côté, je viens de passer une nuit avec un nouveau garçon à qui je propose de venir pour une nouvelle nuit. Il accepte et, de fil en aiguille,

Patrick aussi s'installe rue de Vaugirard. On y habite donc à deux couples, cette fois-ci, et ça ne change rien qu'en bien. Je n'ai pas donné la clé à Patrick, je viens de le rencontrer dans un bar, ne sais quasi rien de lui et c'est l'appartement de Michel; Gérard le fait, par délicatesse envers moi, sans doute. Le garçon a vingt ans, vit en banlieue chez sa mère avec son chat. J'ai toujours Valentin dans la peau, je suis séduit mais pas amoureux. Patrick demande d'amener l'animal à la maison. Nous, on s'en fiche, on ne sache pas que Michel y ait une allergie, on accepte. Comme ils ont sympathisé et qu'elle a une voiture, le soir, Véronique accompagne Patrick chercher le chat. Gérard et moi sommes seuls à la maison. On s'amuse à imaginer que Véronique et Patrick, en fait, nous ont roulés par cette mise en scène et voulaient simplement partir ensemble, qu'on ne les reverra jamais. Gérard ajoute qu'en plus ils n'auront même pas mauvaise conscience, se disant que nous deux nous entendons si bien que ce sera un bonheur de nous retrouver ensemble dans l'appartement, qu'on y sera bien quand même. Cela est faux, ceci est vrai, tout ça est drôle, en tout cas nous fait rire.

On se perfectionne dans l'humour. Un après-midi, on prend un acide avec Marc, juste tous les trois. On est confortablement installés pas trop loin l'un de l'autre mais dans des angles différents.

Marc parle du pull bleu que je porte et qu'il estime
d'un joli bleu, et de plus en plus foncé, remarque-
t-il sous l'effet des hallucinations. « C'est très joli,
plus foncé, tu peux y aller », dit Marc comme une
blague et c'en est une mais qui nous plaît particulièrement par son efficace mélange de réalités,
prenant en compte que ce qu'il voit est l'effet de la
drogue (mais il le voit quand même) et comme si
la couleur du pull était au fil des secondes uniquement l'affaire de ma volonté à moi son possesseur,
que j'en commandais du fond de mon cerveau le
clair et le foncé réels. On est joyeux de maîtriser suffisamment l'acide pour faire des plaisante-
ries qui lui soient propres, qui n'auraient aucun
sens dans un autre état, et relèvent cependant de
l'humour, pas seulement du fou rire convulsif.

Nous plaisent spécialement, dans l'acide, les
mimiques – la capacité de condenser en une seule
expression de visage ou un unique geste, ou le
ton approprié d'un simple mot, tout un récit et
ses avatars moraux que les autres saisissent parfaitement en un instant. Il y a une rapidité qui
est d'une profondeur comique, jamais l'imagination n'est si bien récompensée. Un soir, Marc
nous emmène, Gérard et moi, à une fête d'un ami.
Très vite, on s'y ennuie. En plus, ça manque de
sièges, on est fatigués de se tenir debout. Gérard
déniche une chaise inoccupée dans une pièce
attenante au salon, où la fête ne bat pas son plein,

et s'y assied, soulagé. Je l'accompagne. Spontanément, un jeu se met en place, consistant à ôter
l'assis de sa chaise pour s'y mettre à sa place. La
seule arme qu'on s'accorde pour ce faire est une
phrase censée contenir toute une fiction ne laissant aucune échappatoire à l'assis que la politesse
et l'honnêteté doivent forcer à se lever : « On vous
demande au téléphone », « M. Martin vous attend
dans son bureau », « La femme et l'enfant vont
bien, vous devez être impatient de les voir ». Et ça
dure un temps fou, des phrases ne cessent de nous
venir, de plus en plus extravagantes, affinées, et
nous passons notre temps à nous asseoir et nous
lever, nous ne sommes plus fatigués mais excités
et finissons par nous rendre compte que le salon
est maintenant désert et que tous les invités sont
dans la petite pièce qui est devenue le clou de la
soirée, c'est là qu'on s'amuse. Et on a non seulement le sentiment d'être capables d'en appeler à
l'acide même quand on est sobres, comme si nos
imaginations avaient acquis le pouvoir de profiter
en permanence de la liberté qui nous est parfois
chimiquement octroyée, mais qu'on a maintenant
ce don de transporter la rue de Vaugirard avec
nous, de l'exporter n'importe où.

Elle est notre quotidien même si on a
conscience de son extraordinaire, c'est pour ça
qu'on en profite comme si l'appartement était une

drogue à soi tout seul. La norme, avec le LSD, c'est quand même de l'y prendre avec Michel. On est tous les trois (Marc passe le week-end dans un festival culturel quelconque mais avec une amante) dans le studio où on s'installe pour regarder les films. L'amateurisme des débuts est terminé, tous les appareils ont été préalablement placés en état de marche. On a encore choisi un Marx Brothers, non par goût de la répétition mais, comme pour Mahler, parce qu'on sent malgré notre joie que tout ne tient quand même qu'à un fil à ménager. C'est *La Pêche au trésor*, leur dernier film. Il date en fait de longtemps après le précédent. Un léger malaise naît immédiatement. Il n'y a rien à dire contre *Happy Love* sinon que les frères sont vieux, trop pour nous sembler drôles. Dans l'état où on est, peut-être qu'on est prêts à rire de tout, mais on ne rit pas de ce film. Les gags ne parviennent pas jusqu'à nous, on ne voit rien sinon les rides des Marx, leur fatigue. Le film est bouleversant, sans doute aurait-il mieux convenu à la descente de l'acide qu'à sa pleine mesure si ce n'est qu'il faut l'acide pour qu'il se dénude sous nos yeux. On était là pour rire et voici qu'on est émus, c'est un malentendu. On a peur de nos sensations. On n'est pas à franchement parler en train de tomber dans un mauvais trip, on s'approche juste de la ligne jaune. Ce n'est pas la première fois qu'on fait cette expérience depuis qu'on partage des acides, chacun a toujours quelques instants difficiles à gérer dans le cours de l'après-midi, c'est la première fois qu'on la fait tous ensemble – mais on résiste, on tient, et le petit moins, de peu, se transforme en un petit plus. Ça n'est pas passé loin, quand même.

L'âge de Michel est un sujet de réflexion. On admire sa capacité à prendre du LSD en pleine maturité, parce que chaque prise porte une espèce de mise en question radicale que la jeunesse nous paraît plus à même de supporter, on admire son courage. On a le sentiment que se gorger de LSD est un signe de santé, tellement de gens n'osent pas. Parfois, pendant le trip, j'ai une compassion extraordinaire pour mon père que j'aime, dont je pense que l'acide multiplierait l'intelligence et le bonheur, et dont je sais que, de sa propre volonté, au grand jamais même il n'imaginera en avaler un. C'est pour moi une des caractéristiques de l'acide que m'émeut de façon disproportionnée, quand je suis sous son effet, de ressentir si douloureusement, comme activement solidaire du reste de l'humanité, les malheurs uniquement créés par les conventions, les joies dont on estime vital de se priver.

À la fin du LSD, comme d'habitude, Michel nous réchauffe quelque chose. C'est tuant, l'acide, il faut se reconstituer. On mange tous les trois sur la table de la cuisine. Michel actionne sa fourchette très rapidement. J'ai l'impression de faire pareil mais

Gérard me dit après, quand on est seuls : « C'est fou comme Michel qui a toujours l'air si jeune a l'air vieux quand il mange. » Il n'a jamais un mot méchant, donc je suis convaincu. Je me demande si j'ai l'air vieux aussi, je sens une mauvaise vieillesse en moi qui me bride plus qu'elle ne m'assagit.

## 4

Hélie est un ami d'enfance. Il fait presque partie de la famille, il connaît mes parents et moi les siens, tutoie mon père, a déjà passé des vacances chez mes grands-parents et moi dans sa famille. On s'est perdus de vue à l'adolescence, quand il est allé dans un autre lycée, abandonnant l'école où nous nous sommes connus et où je trichais sur lui, obtenant de meilleures notes parce que la plupart des professeurs devaient me trouver plus sympathique. Je me souviens qu'un été, mon cousin énervé lui a dit, parlant de moi : « Mais pourquoi tu l'imites toujours ? », et cette phrase m'a frappé, moins qu'elle n'a dû le faire lui-même. L'idée d'être un modèle de quoi que ce soit ne m'effleure jamais.

On se retrouve jeunes hommes et j'ai plaisir à le présenter à mes amis, maintenant que j'en ai. Ils sont ce que j'ai de mieux, qui ne me connaîtrait que par leur intermédiaire aurait de moi une image magnifique. J'ai beau avoir passé mon adolescence à lire, Hélie est beaucoup plus cultivé que moi à tous points de vue. Il semble qu'il ait non seulement rencontré des êtres humains, durant cette période où nous ne nous sommes pas vus, mais il a lu la plupart de ce que j'ai lu, y ajoutant des romans policiers, d'espionnage ou de science-fiction par centaines, il aime autant la musique classique que les variétés françaises, ma spécialité, le rock ou le jazz – quant à la peinture, il a avec la même familiarité familiale que moi avec la littérature. Il possède toujours jeune homme l'intelligence, la gentillesse et la délicatesse qui m'ont séduit enfant.

Il prend Marc en grippe, pour une raison qui nous échappe mais tient à ce que Bella, la fille avec qui Marc a passé le premier acide à New York et vit une relation amoureuse, est une amie d'Hélie depuis toujours (leurs familles étaient proches) et que, sans doute, il la juge digne d'un meilleur parti. Il faut reconnaître que Marc est parfois exaspérant par une sorte d'affection brutale – lorsqu'il embrasse pour dire bonjour ou au revoir, son étreinte et ses lèvres donnent l'impression qu'il va vous briser les dents ou les os – et ostentatoire, comme s'il était une mère juive que cependant aucune raison génétique ne justifierait de devoir supporter. Mais sa bienveillance outrée est réelle et il est un excellent compagnon. Hélie est vite ami de Gérard, Michel aussi l'apprécie et il devient familier de la rue de Vaugirard.

On l'initie à l'acide, lui qui approfondit tout ce qu'il touche. À côté de ses immenses connaissances littéraires et artistiques, il a fait des études de mathématiques, passant brillamment les concours les plus sélectifs, moyennant quoi il est professeur de maths, quittant juste son poste à Reims, qui lui rendait la vie compliquée, pour trouver un travail dans un collège privé parisien. À nos yeux, malgré ses réussites, c'est lui qui a la vie la moins excitante de nous tous. C'est comme s'il était mal orienté et on a parfois une gêne à son égard. « Il est tellement délicat qu'on a toujours peur d'être obscène quand on est intime », me dira Bella, ce à quoi je suis d'autant plus sensible que mon interminable adolescence, que ce soit raffinement ou panique, m'a fait craindre la même chose jusqu'à ce que je rencontre Valérie, Marc, Thierry, Gérard, Michel et Hervé.

Un soir d'acide rue de Vaugirard, on décide soudain de sortir et prendre le métro. On est encore stone, plus qu'on ne le croit. Le wagon est presque désert. Véronique s'assied cependant en face d'une dame et Gérard et moi sur la banquette d'à côté. On joue à adresser la parole à Véronique comme si on ne la connaissait pas et à la draguer avec un vocabulaire qui n'est pas le nôtre, telles des racailles. Elle nous répond l'air agacé, ainsi que les règles implicites de la situation le réclament. Ça dure plusieurs stations. Quand on descend, Hélie nous sermonne, Gérard et moi. On aurait dû faire attention, la femme en face de Véronique était terrorisée, ayant tout pris au sérieux. On est estomaqués qu'il ne nous l'ait pas dit plus tôt, quand on n'avait pas saisi le désagréable de la situation. Maintenant, ça ne sert à rien. Dans l'apurement du sens moral que développe l'acide, Hélie reste théoricien de l'absolu quand, avec un succès indéterminé, nous ne prétendons qu'à une pratique relative.

Pour un acide à cinq avec Michel et Marc, Hélie arrive rue de Vaugirard avec ses disques. Il est maniaque, y tient tant qu'il est précautionneux de leur usage, c'est par générosité qu'il les sort de chez lui. Une fois, déjà, alors qu'on n'était que tous les trois, Marc nous avait fait entendre du Marc-Antoine Charpentier qu'il adore au lieu de Mahler et ça n'avait pas été convaincant. La musique ne convenait pas, on y avait mis le holà avant de franchement s'emmerder. En l'occurrence, Hélie a apporté *La Périchole* de sorte que l'ennui n'est pas le plus vraisemblable, d'autant que j'adore Offenbach qui a le pouvoir de me mettre de gaie humeur. Mais l'opéra-bouffe ne parvient pas à prendre en charge l'aspect méditatif du LSD, même la virtuosité semble grossière, ça ne va pas. On tient tous une face entière avant de réclamer un changement de programme au moment de mettre la deuxième, à la grande surprise d'Hélie qui ne s'est rendu compte de rien. Il faut l'appui de l'insoupçonnable Michel, mélomane averti, pour qu'il cède sans mettre sur le dos de notre incompétence le hiatus musical.

Le 31 décembre, Michel est invité à un réveillon et nous propose de prendre un LSD rue de Vaugirard où il nous rejoindra pas trop tard, avant même la nouvelle année. On y va tous les quatre, avec Hélie et Marc, on traîne en mangeant jusqu'à minuit. On est impatients puisqu'on n'a rien d'autre à faire que prendre cet acide, Michel n'arrive pas, à une heure on l'avale. Michel ne rentre que bien plus tard, quand le trip commence pour de bon, et va une nouvelle fois dormir chez Daniel qui l'accompagne. Jamais encore on n'a avalé aussi tard un LSD dont les effets se développent toute la nuit. Ce n'était peut-être pas une si bonne idée. D'autant qu'Hélie, aussi averti comme cinéphile que pour le reste, a tenu à choisir un film quand on l'a informé qu'on en regardait souvent dans ces circonstances. C'est *Le Magicien d'Oz*. Très vite, Gérard et moi avons le sentiment qu'Hélie a élu cette œuvre en fonction de ses qualités propres, indépendamment de son adéquation à la drogue. Le film nous inquiète, sa vision est désagréable, on l'abandonne pour s'installer dans un autre coin de l'appartement mais on s'ennuie, c'est la dernière chose qu'on pourrait attendre d'un acide mais c'est le mot, pas le flip épouvantable, les velléités suicidaires – l'ennui, juste l'ennui. On quitte tous les deux l'appartement pour aller marcher dans le Paris désert et glacé du petit matin du 1er janvier. On tient bon, plus émus de notre complicité encore plus manifeste que de ce qu'elle ait été mise à contribution. Hélie ne comprend pas quand on rentre pas trop amochés, vante toujours son film.

Quelques heures plus tard, je vais déjeuner en famille pour le 1er janvier, épuisé, déboussolé. Le téléphone sonne pendant le repas, ma mère répond et m'annonce que c'est pour moi. Il y a des siècles que plus personne ne m'appelle chez mes parents. C'est Michel qui a trouvé mon portefeuille oublié et se presse de téléphoner avant que je ne m'inquiète. Je ne m'étais rendu compte de rien et repasserai rue de Vaugirard après le déjeuner. J'ai envie de m'allonger quand j'y arrive, par fatigue, par sensualité. La nuit d'acide me laisse désorienté. Me parlant de sa rencontre en auto-stop avec Thierry qui s'était achevé dans son lit, Michel m'a dit un jour comment Thierry, au moment décisif, lui avait demandé si ce qu'il voulait était vraiment le laisser rentrer chez lui. Et Michel de préciser que c'était en effet à Thierry, c'est-à-dire au jeune homme, de poser cette question, de prendre l'initiative. Le 1er janvier, si Michel a envie de faire l'amour avec moi, c'est vendu. Il ne peut pas ne pas le voir mais je ne dis rien, c'est que je n'y tiens pas non plus, juste prêt à. Michel ne tente rien, ne dit rien que les phrases qu'il a le don de trouver pour me remettre d'aplomb. Qu'il préfère ne pas coucher avec moi me fait plaisir, aussi.

Hélie invite Michel à dîner chez lui avec nous. Depuis le fiasco organisé par Hervé au tout début qu'on se connaissait, personne ne s'y est risqué. On a le sentiment qu'au fond ça lui fait moins d'embarras de nous recevoir que de se déplacer, quand bien même il n'a alors rien à réchauffer à la cuisine, que c'est plus une chance pour nous d'être ses amis que pour lui d'être le nôtre, qu'on ne va pas faire semblant d'être ses égaux, ne serait-ce que dans la relation. Quelques jours avant le dîner prévu de longue date, Hervé apprend qu'il sera à Munich le jour dit pour un festival de théâtre que son journal lui demande de couvrir. Il me propose de l'y accompagner, c'est-à-dire de m'y faire envoyer par mon propre journal, ainsi qu'on y parvient en de multiples occasions quand l'un de nous deux est en déplacement professionnel. Nos rédacteurs en chef respectifs sont au courant de ce qui nous motive et nous facilitent l'amitié. Au détour d'une phrase, j'informe Michel de notre double absence. Dans ces conditions, il me dit de demander à Hélie de repousser le dîner. C'est Hervé et moi qu'il connaît le mieux, c'est avec nous qu'il est le plus à l'aise, ce report est l'évidence. Maladroitement, je dois trop le sous-entendre car Hélie tient bon. Il refuse de changer quoi que ce soit, après tout c'est Michel l'invité principal, tant pis pour nous si on n'est pas là. Je suis estomaqué, pas fier quand j'annonce à Michel l'échec de ma mission que nous croyions tous deux d'une simplicité enfantine.

Didier me raconte plus tard que, le soir du dîner, tandis qu'Hervé et moi faisions la fiesta à Munich, il est passé chercher Michel rue de Vaugirard puis qu'ils ont pris un taxi pour chez Hélie et se sont engouffrés dans un immense embouteillage. Il y avait une manifestation policière contre le ministre de la Justice et Michel, avec son physique reconnaissable, était au milieu des agents en colère qui n'étaient certes pas de son bord. Didier ajoute avec satisfaction, Hélie et lui ne s'aimant guère, que Michel vantait alors la gentillesse d'Hélie entre ses dents, sur un ton fleurant bon l'agacement.

La mort de son père déstabilise Hélie. Il passe un temps fou rue de Vaugirard, c'est-à-dire qu'il vient avec moi quand je dîne avec Michel et que, même, il y arrive souvent l'après-midi, bien avant l'heure du dîner, pour que Michel le réconforte. Hélie trouve ça normal par élégance, signifiant que lui aussi ferait tout ce qu'il pourrait pour Michel mais sans prendre en compte que celui-ci, si jamais il se tournait vers nous dans une situation difficile, aurait peut-être une moindre attente.

Il nous invite, Gérard et moi, dans la maison de campagne de sa mère, à cent kilomètres de Paris, où j'ai passé bien des week-ends et des vacances avec lui, enfant. Il y a dix jours que son père est mort et il propose que nous prenions tous les trois un acide, il en a sous la main. On tente de le dissuader, vu les circonstances, et on n'arrive à rien – ce sont précisément les circonstances qui le motivent. Durant le trip, naturellement, il est moins rieur que nous. Gérard et moi le passons de notre côté, nous assurant seulement régulièrement que tout va bien. On comprend que, pour lui, c'est une épreuve, qu'il utilise le LSD comme un test. C'est si différent de notre usage qu'on le plaint, avec cette satisfaction de la jeunesse à trouver la chance un mérite, à se sentir délicatement supérieure.

Désormais, la vie est réglée : quand Michel est à Paris, je reste chez moi, aux dîners près; quand Michel est absent, ne fût-ce que pour quelques jours, Gérard et moi nous installons illico rue de Vaugirard et toute la bande est au courant. Et c'est vite parti pour l'acide. Il a sur moi un effet diurétique. Cinq fois par trip, je me retrouve aux toilettes. Elles sont situées dans le couloir parallèle au salon, derrière la cloison de la bibliothèque et entre la chambre de Michel et la cuisine, et sont la seule pièce de l'appartement à ne comporter aucune fenêtre. La lumière entièrement artificielle y est faible et pas trop plaisante. Ces toilettes deviennent pour moi attachées au LSD, le son de mon urine frappant l'eau dans l'enfermement de cette minuscule pièce à l'éclairage particulier. Une des premières recommandations de Gérard, avant le premier acide, était de ne pas se regarder dans une glace, l'apparition de son propre visage déformé étant susceptible de conduire au mauvais trip. Démon de la perversité oblige, je ne peux jamais m'empêcher de lever les yeux dans le miroir de la salle de bains en me lavant les mains après avoir pissé, d'abord fugitivement puis de plus en plus régulièrement au fil des séances, m'observant dans la glace. Mes traits sont creusés autrement, des tracées jaunes et vertes, ocre, les habitent. Au premier instant, je trouve que je ressemble à Dracula et ce sentiment devient une évidence. Je l'accepte sans problème. Je suis ce que je suis, un sosie de Dracula dont manque cependant l'original, un habitant de ces toilettes, de cet appartement.

La célébrité, la réputation de Michel ont certainement leur impact sur mon affection pour lui. Mais lequel? Je l'aime pour de bon. Lorsque, un après-midi d'acide rue de Vaugirard, on allume la télévision qui annonce la mort en exil du shah alors qu'il est fait grief à Michel de s'être exprimé comme il a fait sur l'Iran, j'ai une bouffée d'angoisse, de toute évidence partagée par Gérard, qu'une telle nouvelle surgisse dans ces immaîtrisables circonstances. Que qui que ce soit veuille le moindre mal à Michel nous apparaît comme une injustice, une incompréhension de ce que devraient être les lois de l'univers. Une fois encore, on sent le vent du boulet mais on gère correctement l'intrusive information. Rien ne signale que Michel lui-même en ait été frappé.

Un jour, Michel ne prend pas l'acide avec nous. Tout était prévu pour cinq, nous quatre avec Marc plus Alain, un ami de Michel qui a une dizaine d'années de plus que nous et avec qui on s'entend bien. On est rue de Vaugirard à l'heure prévue. Michel dit qu'il ne se sent pas, mais que ça ne nous empêche pas d'en profiter. Il s'enfermera dans le studio où on ira donc d'autant moins qu'on n'a pas loué de film, cette fois-ci. Dans ces conditions, Alain aussi sera sobre et reste gentiment à parler avec Michel pendant qu'on est dans nos délires. Mais il met l'acide dans sa poche pour en profiter ailleurs, avec d'autres. Ça nous frappe tant que ça éclipse la générosité d'accompagner Michel. Avec nos raisonnements spéciaux, on ne comprend pas en quoi un acide rue de Vaugirard ressemble à un acide hors de la rue de Vaugirard, en quoi le fait de ne pas l'avoir pris sur place autorise à le transporter ailleurs. Plus tard, je teste devant Michel je ne sais quelle malveillance envers Alain d'apparence si humble et pourtant pas tant que ça. « On est toujours surpris que les autres veuillent la même chose que soi », me renvoie-t-il dans les cordes.

En l'absence de Michel, c'est jour d'acide encore plus souvent. Il y a toujours les hasards qui tombent mal et dont on ne se soucie pas trop. Daniel téléphone à la recherche d'une clé, me guide jusqu'au meuble dans le tiroir duquel elles sont toutes et me demande si, parmi la quantité qui me semble incommensurable, j'en vois une comme ci et comme ça dont il a besoin. À ce point de la conversation, devant mon incapacité manifeste, je suis contraint d'avouer ce que je cachais je ne sais pourquoi, que je suis en plein LSD et bien infoutu de différencier ne serait-ce que deux clés l'une de l'autre. Daniel passe juste la chercher lui-même, prenant soin de ne pas nous déranger.

Maintenant que, selon l'expression rieuse de Gérard, Michel a envahi le studio – c'est-à-dire qu'il ne le prête plus à Thierry, lui-même cause, par son voyage autour du monde, du destin de la pièce –, ce que je redoute des jours d'acide, lorsque je ne sais pas exactement ce que je maîtrise, est de ficher par la fenêtre (ou dans un feu organisé pour l'occasion, ou dans le vide-ordures qu'il faut espérer que ça ne boucherait pas, ou dans la baignoire pleine où un bon petit bain comme à New York ne nous fait jamais de mal) les centaines et centaines de pages du manuscrit qu'Hervé appellera le livre infini de Michel et auxquelles on n'ose pas jeter le moindre coup d'œil quoiqu'on voie la pile de feuillets augmenter sans cesse. On en parle pour détourner ce mauvais sort, on préférerait se flanquer soi-même par la fenêtre, par le balcon, comme on raconte que ça arrive parfois en plein LSD. C'est un soulagement de voir le manuscrit traverser les mois, les saisons, les années sans qu'il lui arrive rien de mal ni à nous.

On ne laisse jamais passer l'occasion quand on arrive à se procurer des acides. Un ami, un soir, nous en laisse deux, parce qu'on s'est indignés quand il a prétendu vouloir les jeter sous prétexte qu'il en a pris de la même provenance sans que cela lui fasse le moindre effet. On se les garde en réserve, on ne sait jamais, on dormira mieux avec ça sous la main. Le matin, j'ai rendez-vous à midi avec Gérard dans un grand magasin d'optique pour choisir une nouvelle paire de lunettes. Lorsque je passe dans la cuisine pour le petit déjeuner, Gérard est déjà parti mais a laissé un mot sur la table, indiquant qu'il a pris l'acide pour ne pas qu'il s'éternise inemployé, surtout s'il est de mauvaise qualité, et me commandant donc d'en faire autant. Le petit bout de carton est sur sa feuille de papier, je l'avale en guise de petit déjeuner. Aucun effet, on dirait n'importe quel bout de carton. On n'y pense même plus quand on se retrouve pour ma monture. Ce n'est qu'au moment où le vendeur me met une paire de lunettes sur le nez et me recommande de me regarder dans une des millions de glaces que recèle le magasin qu'on comprend qu'on est défoncés des pieds à la tête. Il ne faut surtout pas s'observer dans un miroir et les miroirs pullulent sur des milliers de mètres carrés, une orgie de Dracula. En outre, c'est comme pour la clé, on est incapables de comparer les diverses lunettes, toutes plus hallucinogènes les unes que les autres. On sort précipitamment du magasin en se tordant, c'est la première fois que le LSD nous attrape par surprise. Raison de plus, aussi bien, pour se sentir presque invulnérables. Jusqu'à présent, on n'a pris chaque acide qu'avec mille précautions. C'est la première fois qu'on fait preuve d'une si coupable désinvolture et elle ne provoque aucun inconvénient. Au contraire, c'est un charme particulier d'être dans le trip sans s'y attendre.

Il y a bien eu celui du 31 décembre, coucicouça, mais me naît le fantasme d'un acide qui se passe mal, qui me permette d'explorer aussi scrupuleusement le flip que je le fais du plaisir, peut-être sera-ce épouvantable mais ce sera un état, un objet d'étude dont je mourrai sinon sans l'avoir connu, analphabète. Quand je lui en parle, Michel me renvoie au fantasme de la déchéance d'une façon générale, du joueur qui s'est endetté pour la vie en une soirée, du drogué à la merci de n'importe quel dealer. Ces pensées ne sont pas que les miennes.

La drogue, je m'y familiarise. Il m'arrive désormais de renifler de l'héroïne hors des séances d'acide. Toutefois, quand j'ai un gramme chez moi, je peux l'y garder un mois, c'est-à-dire le déguster à un rythme convenable, sans risque. J'ai comme règle de ne jamais en prendre seul, ce qui limite de fait mon usage, sans compter qu'on risque moins de s'accrocher s'il faut faire aussi les frais de la marchandise pour un compagnon. Au bout d'un moment, dans notre soif de connaissance (comme c'est plaisant, la pédagogie), Gérard et moi avons la volonté d'étudier aussi le fix : on ne sait rien de l'éclair immédiat supposé d'une douce brutalité provoqué par l'injection. Je ne supporte pas les piqûres mais je ne veux pas être du mauvais côté de la compassion, comme tous ces êtres éternellement puceaux de l'acide. Alors on se procure des seringues et on tente l'expérience. Mais on est si apeurés devant non pas son effet mais la manipulation elle-même que je me refuse à faire, trop sûr de ma maladresse, offrant mon bras à Gérard (et ne risquant donc pas non plus de m'accrocher de cette manière-là, s'il faut toujours quelqu'un pour me planter une seringue dans la veine), on est si anxieux devant cette nouvelle expérience que, pour se calmer, on sniffe un peu d'héroïne avant de s'en injecter de sorte que le flash n'est pas ce qu'il devrait.

Je n'ai jamais pris de cocaïne quand Hélie m'en offre rue de Vaugirard et c'est pire que le premier acide, je ne sens absolument rien, ne vois pas la différence avec mon état normal. « Quand même, ça fait trois quarts d'heure que tu parles sans t'arrêter », m'est-il répondu.

Tous les amants d'Hélie que je rencontre sont le contraire de lui, ils ont une vulgarité d'esprit qui jure avec son raffinement. Gérard en est étonné comme moi mais Hervé et Michel ne me croient pas quand je le leur dis. Hervé me précise que c'est normal d'avoir une sorte de malaise jaloux à l'égard des amis qu'on connaît depuis l'enfance. Je n'y crois pas mais ce serait difficile de discuter. À une soirée devant la télé chez moi où, exceptionnellement, Michel est passé après dîner, Hélie arrive avec son amoureux du moment, assénant cette présence. La soirée est gâchée par l'évidence que l'amant fait désastreuse impression à tout le monde. « Ta gêne envers Hélie vient de ce que tu vois en lui ce que tu aurais pu devenir », me dit le lendemain Hervé au téléphone, retournant sa veste dans les grandes doublures. Ça me fait plaisir car j'ai effectivement le sentiment d'échapper, par mes rencontres miraculeuses, à quelque chose qui est indéfinissable et serait donc ça.

Quand je rentre rue de Vaugirard après un week-end d'absence, il s'avère qu'Hélie y a dormi la veille. « Il en avait tellement envie », me dit Gérard. Au lieu de me faire plaisir, ça m'agace, comme s'il avait profité de ce que je n'étais pas là. Ce lieu que je ne demande qu'à faire partager à tous, je ne voudrais pas qu'il nous le gâche. Il nous reste huit jours à tous les deux avant de devoir rentrer chacun chez soi et Gérard, pour expliciter le bonheur ambiant, ose dire : « Et si Michel mourait? », c'est-à-dire : « Et si Michel ne revenait pas? », nous abandonnant ainsi l'appartement. On sait bien n'avoir rien à y gagner mais la mort ne se pose pas, tel est le privilège : nulle part on n'est plus vivants que rue de Vaugirard.

## 5

Je ne veux pas de ma vie que des livres mais, quand même, je ne l'imagine pas sans eux. Ils emplissent mon avenir. Hervé a connu Michel en faisant parvenir un texte qu'il venait de publier à ce prestigieux voisin. Qu'il ait souhaité publier dans la revue dont je m'occupe a été un élément déterminant de notre propre rencontre. Et que je veuille écrire des romans est toujours présent dans ma relation avec Michel.

En pleine ère valentinienne, mon père accepte de publier un livre d'Hervé qui en est enchanté. Pour moi aussi, c'est quelque chose. Je n'ai écrit aucun roman mais suis persuadé que je le ferai et mon père, indépendamment de celui qu'il mérite en tant qu'éditeur, est paré à mes yeux du prestige de père. J'en parle à Michel un soir après dîner, dans le coin Mahler silencieux. La musique, entre nous, est réservée au LSD. Mais on a partagé tant d'heures d'écoute des symphonies *Titan* et *Résurrection* qu'aucun lieu de l'appartement n'est plus intime. Je ne suis pas jaloux qu'Hervé soit avec un autre garçon, pas plus que je ne le serais que Valentin multiplie les partenaires si j'étais l'un d'eux, j'avoue à Michel que je le suis pour Hervé et son manuscrit, content, heureux pour mon ami, et jaloux cependant. J'ai vraiment le sentiment d'un aveu. Michel me répond que c'est normal d'être jaloux de ses amis, ce que j'interprète d'une manière qui me fait le plus grand bien : qu'on ne peut être jaloux que d'un être qu'on respecte, ce qui limite le sentiment et ses effets pervers.

Hélie a lu des textes d'Hervé dans la revue dont je m'occupe avant de le rencontrer. Plus tard, comme Hervé publie un livre où plusieurs de ces nouvelles sont reprises, Hélie me dit qu'elles étaient bien dans la revue mais que c'est quand même autre chose dans un livre, remarque dont je m'étonne qu'il me la fasse, mû manifestement par autre chose que sa gentillesse coutumière. Michel, qui vante la générosité d'Hélie, me fait comprendre que celui-ci n'est sans doute jaloux ni d'Hervé ni de moi mais de notre relation. Je suis d'accord qu'il y a de quoi.

Dans la bibliothèque de la rue de Vaugirard, un jour où j'y suis seul, je tombe sur un livre d'Hervé et ai l'indiscrétion d'en lire la dédicace. Le livre est dédié à Michel d'une sobre façon : « À mon voisin », est-il imprimé sur la première page.

Or, quand le livre paraît, Hervé a déménagé. À la main, sur l'exemplaire de Michel, il a barré le « À » imprimé pour ajouter cinq mots au stylo qui, avec ceux imprimés restants, donnent : « Pour Michel, qui sera toujours mon voisin. » C'est mon propre sentiment. Michel m'a dit une fois que le mieux, plutôt que de vivre ensemble, est de vivre en voisins, comme lui avec Daniel dont l'appartement est à deux pas. Même quand on habite ensemble rue de Vaugirard, j'ai le sentiment d'être voisin avec Gérard, l'appartement assez grand pour qu'on y soit à deux sans se gêner et le retour annoncé de Michel donnant un terme à l'expérience, la préservant de la sensation d'éternité, de destin, attachée à toute vie commune habituelle. J'ai le sentiment de faire partie d'une bande de voisins. Moi dont l'appartement est à l'autre bout de Paris, je partage celui de Michel, fût-ce d'une particulière façon spatio-temporelle. Parfois, sans y penser, j'ai le sentiment qu'il ne peut pas y avoir lien plus fort. Ce n'est pas comme vivre avec quelqu'un par habitude ou goût sexuel, c'est un choix perpétuellement renouvelé, toujours neuf. C'est une invention, un mode de vie par lequel Michel et moi sommes peut-être les deux seuls au monde à être attachés.

Mon père est heureux, sans doute fier lui aussi, quand il apprend mon amitié avec Michel, connais-sant les avantages humains et sociaux tirés de la fréquentation des grands hommes. Rapidement, il trouve bon de me faire savoir qu'il est de notoriété publique que Michel est prolixe de compliments, si poussés qu'il ne peut y croire lui-même. Pour un peu, ce serait un flatteur. Je n'y vois pas de malveillance : mon père veut juste m'éviter de tomber dans un piège plus ou moins ouvert par l'homosexualité, il me faut garder la tête froide. Mon père est parfois d'une sobriété théâtrale, mieux vaut pécher par une louange faible qu'excessive. C'est une idée de la justice.

J'en ai fini avec ces critiques cinématographiques où j'éreintais un film en quelques lignes et suis heureux d'écrire au journal sur les livres, domaine que je connais mieux, et seulement sur ceux que j'aime. Un jour où Michel me parle d'un ami commun et manifeste son agacement devant sa fermeture d'esprit, le fait que le garçon ait une opinion préconçue sur tout, je lui réponds que moi aussi, à quoi Michel me rétorque que certes j'ai aussi une opinion sur tout mais que j'en change au premier argument convaincant. Et ça me plaît comme un compliment inhabituel, puisque rester inéluctablement fidèle à une opinion est une conduite qui a ses sectateurs enthousiastes, et c'est vrai que, moi, ça m'amuse d'en changer, qu'être confronté à la fugitivité même d'une certitude me paraît exactement la vie.

Avec une joie de chaque instant, des fous rires fréquents devant ce que j'estime mes trouvailles, j'écris un roman, espèce d'épopée villageoise de la bassesse. Souvent, les écrivains emploient l'imparfait du subjonctif en évoquant crûment la sexualité, donnant à leur œuvre un aspect grand genre – ça m'amuse de traiter d'une pornographie petit genre, perversions sans envergure rendues dans un langage non pas tant parlé que pensé. Je mêle mon goût des raisonnements paradoxaux à la pratique littéraire de la prostitution, la pédophilie et la scatologie vues sous un angle que je crois original, une vision effrayante de la vie familiale. Je fais lire le manuscrit à Michel et Hervé. Hervé se manifeste le premier en une belle lettre où je redoute cependant que l'aspect comique du livre lui ait échappé, plus frappé par la veulerie dont la systématisation me semble pourtant humoristique. Michel m'envoie un mot fait pour me ravir en paraissant avoir pris en compte ce que j'ai voulu mettre dans le texte. C'est un plaisir ensuite de l'écouter m'en parler du canapé de la rue de Vaugirard, citant diverses phrases en riant à nouveau à se les remémorer. J'adore son rire même si, plus que tous, le petit qu'il a immanquablement en m'ouvrant la porte de l'appartement.

Fort de ces premières réactions, je dépose le manuscrit à mon père. J'ai toujours pensé écrire et que mon père m'éditerait, les deux choses n'en étaient qu'une, si je parvenais à terminer un manuscrit dont je sois suffisamment content pour le lui soumettre. Eh bien non, ce sont deux actions tout à fait différentes.

Mon père a mille réserves sur le manuscrit dont aucune ne m'apparaît littéraire. Ce que la famille pourrait en penser prend soudain de l'importance. Comme un adolescent, je suis à la fois satisfait d'avoir poussé à bout mon père soi-disant si ouvert, je trouve ça un succès, et dégoûté que cet homme si tolérant n'admette pas que ce soit ça qui s'est passé, que la qualité du livre qui peine à en devenir un n'a rien à voir avec ses réticences. Au contraire, il s'y refuse d'autant plus que je l'attends. L'honnêteté a ses mystères.

Michel se retrouve au cœur de notre affrontement. Mon père et lui sont les deux seuls êtres de cet âge avec qui je suis intime. Il y a une étrangeté à lui parler ainsi de mon père rue de Vaugirard, dans cet univers si éloigné de mes habitudes familiales. Malgré mon aigreur, je suis content que mon père habite ce lieu, fût-ce seulement par les comptes rendus de nos conversations.

Un soir, Michel m'accueille rue de Vaugirard en me demandant si j'ai lu la nouvelle parue dans *Gai Pied* qui en publie une chaque semaine. Non, la phrase qui en était tirée pour être reproduite en grosses lettres était si nulle que l'ensemble ne m'a pas semblé valoir lourd. Michel dit que cette phrase était tellement mauvaise qu'il a voulu lire le texte entier pour voir si elle en était vraiment la meilleure, et que c'était le cas. Je suis assis sur le canapé avec le journal dans les mains, Michel à côté de moi pour relire sur mon épaule, et c'est un moment merveilleux. La nouvelle est tellement au-dessous de tout qu'on dirait un sketch, à chaque mot apparaît le mot qu'il ne faut pas, le titre lui-même est une erreur, toutes les phrases sont plus lamentables les unes que les autres, on ne rit pas plus en plein LSD. Michel est tellement écroulé qu'il tombe du canapé pour glisser par terre et que ça m'inquiète un instant sans que je puisse rien y faire, pris dans mon propre fou rire qui rend mes muscles inutilisables. J'adore que l'écriture scelle notre inimaginable complicité.

L'époque est au désir. Mon manuscrit est du côté du plaisir et c'est un des éléments qui plaît à Michel, on passe une soirée à en parler. Je déteste que le désir soit une arme, que certains garçons y voient le diamant en eux, îlot de pureté dans un océan d'aliénation. Dans les *backrooms* où je me rends régulièrement, je fais l'amour avec des êtres dont je n'aurais peut-être nul désir si je les voyais mais avec lesquels je prends grand plaisir dans l'obscurité. En plus, ces *backrooms* proposent une situation amusante : je me suis fait voler de l'argent dans la poche de mon jean moulant (ce n'est certes pas ça l'amusant) parce que ce jean, sur mes chevilles avec mon slip, ne me moulait plus du tout, et imaginer, au milieu de toute cette activité fornicatrice, un garçon à quatre pattes dans la pièce noire, non pour la satisfaction de quelque goût sexuel, mais à la recherche de tous les pantalons sur les chevilles et de leurs poches garnies a quelque chose de réjouissant. Michel me fait remarquer aussi que je n'ai pas eu le désir du LSD, comment aurais-je pu en ignorant ce que c'était? c'est le plaisir de la drogue qui en donne le désir. Toute la rue de Vaugirard m'est une pédagogie de cet ordre. À propos des *backrooms*, je ne lui dis pas que j'ai changé sinon mes habitudes, du moins mes postures sexuelles à cause de ce « cancer gay » qu'évoque la presse – ma sempiternelle prudence.

J'élis Michel arbitre de ma querelle avec mon père. Certes, il ne reçoit ses informations que de moi mais est assez grand pour en tenir compte. Elle se résout sans qu'il ait jamais prononcé un mot portant atteinte à mon père, ni à l'être lui-même ni à son image pour un fils. Il lui est plus facile de différencier le père et l'éditeur qu'à mon père et moi. En définitive, mon père publie le manuscrit après l'avoir fait lire anonymement à son habituel conseiller dont l'opinion, que celui-ci me commente chaleureusement ensuite, me réjouit. Tout est réglé mais mon père réclame encore de publier le livre sous pseudonyme. J'ai proposé mon manuscrit ailleurs, personne n'en a voulu, je n'ai pas de choix. Pourtant, prendre un pseudonyme sous une telle contrainte me paraît grotesque. D'abord étonné de cet énième rebondissement, Michel l'entérine à sa façon. À un nouveau dîner rue de Vaugirard, dès l'entrée, il me lance un nom inconnu, me demandant ce que j'en pense. Je n'en pense rien, je ne comprends pas. C'est le pseudonyme qu'il a imaginé pour moi et dont il m'explique les tenants et aboutissants qui m'échappaient. Je m'en empare avec enthousiasme et même mon père n'y trouve rien à redire.

## 6

Michel me propose de venir prendre un LSD à trois mercredi après-midi, avec monsieur Marc. C'est ainsi que Michel appelle un garçon de notre âge dont il est tombé amoureux, de sorte qu'on en a beaucoup entendu parler sans l'avoir encore jamais vu. On sait aussi que la drogue n'a rien pour lui faire peur puisque, s'il n'a encore jamais testé l'acide, l'héroïne lui est plus familière qu'à aucun de nous. Un soir, Michel nous a raconté, à Hervé et moi, comment il l'a rencontré. Il l'a remarqué pour sa beauté parmi le public de son cours du Collège de France, ouvert à tous ainsi que le veut l'institution. On a toujours eu le sentiment, Hervé et moi, que ça ne plairait pas à Michel qu'on y aille. Mais ce garçon, Michel est très content qu'il y soit venu. Ça l'amuse de nous amuser en détaillant la façon dont il l'a abordé. Il ne savait pas comment s'y prendre. Alors, quand le garçon, à la fin du cours, est venu chercher sur la table le magnétophone qu'il y avait posé afin d'enregistrer le cours, comme ils sont nombreux à le faire dans le public, Michel prétend n'avoir rien trouvé de mieux à lui dire pour engager la conversation que quelque chose comme « Oh, vous avez un joli magnétophone », et ça le fait rire de nous faire rire ainsi qu'on le fait de joie en constatant qu'il y a au moins une situation dans laquelle il n'a pas l'air tellement plus intelligent que nous.

Monsieur Marc est hétérosexuel, vit avec une fille, ne nous est a priori pas sympathique vu la façon dont il se conduit avec Michel. Il donne ou accepte des rendez-vous auxquels il ne vient pas, laisse sans nouvelle puis resurgit abruptement pour re-disparaître pareillement, manque absolument de fiabilité tel un de mes amoureux à moi. À un moment où il dépasse les bornes, Didier trouve judicieux de faire publier dans *Libération* que lit le garçon une petite annonce ainsi formulée : « Les amis de Michel trouvent que monsieur Marc exagère. » On est tous plus ou moins atterrés, ayant peur que Michel le prenne mal mais, au contraire, ça lui fait plaisir, c'est efficace, et on n'a qu'à remballer notre atterrement. Je redoute juste que, en prévenant ou pas, monsieur Marc ne vienne en définitive pas rue de Vaugirard et qu'il faille attendre des heures avant de décider quoi faire, pour prendre acte de son absence comme c'est toujours mon cas quand c'est à moi qu'est posé un lapin, mais il est déjà là lorsque Michel m'ouvre la porte. Il est très beau et je suis d'autant plus heureux de le voir qu'on a immédiatement un bon contact, Michel n'est pas timide quand il s'agit de mettre les autres à l'aise.

Ce sont les trois derniers acides d'une série dont on a déjà pris des flopées sans encombre. Quelques dizaines de minutes après leur absorption, il est cependant clair que ceux-ci sont d'une puissance inaccoutumée. On est défoncés comme jamais malgré une certaine réserve provoquée par cette force même, on est habitués à se laisser aller mais il s'agit ici d'un abandon d'une ampleur différente, comme si notre personnalité habituelle était attaquée avec une véritable violence. Je suis étendu sur le canapé, Michel et monsieur Marc chacun dans un fauteuil lorsque Michel se lève, passe une veste et quitte l'appartement. Je vois son visage ravagé. Avec l'extralucidité de l'acide, ce pouvoir incompréhensible qu'il donne de lire dans les traits de ses compagnons de trip, je ne peux pas faire autrement que constater que quelque chose se produit qui ne devrait pas, quelque chose de grave. Monsieur Marc est surpris du départ de Michel et de sa soudaineté. En quelques mots, fort de ma compétence en acides, je dis au néophyte de ne pas s'en soucier. Ça me coûte et ça ne me coûte pas – pas, parce que je suis persuadé que c'est ce qu'il faut dire et, dans l'idéal, ce qu'il faut faire, et me coûte cependant parce que je m'en soucie énormément, de Michel et de son état, et que m'inquiète le déroulement encore à venir de l'après-midi. Mais je m'accroche à ma conviction née de mes connaissances (ce n'est pas pour rien que j'ai pris tant d'acides, voici ma gourmandise justifiée par les intuitions qu'elle m'apporte) qu'il faut ne pas penser à Michel pendant la tempête, que ça ne lui sert à rien et que ça ne peut que nous entraîner aussi vers le fond, monsieur Marc et moi. On doit remettre notre inquiétude à plus tard, lorsqu'on sera capables d'être raisonnables. Pour le moment, quel que soit le souci qu'on en ait, il ne faut pas se soucier de lui.

Je suis sur le fil du rasoir et en plus ne cesse de le penser, dans cet ouragan mental de l'acide où des flux se superposent en mêlant leurs contenus. Monsieur Marc n'est pas plus fringant, ça saute aux yeux. Jamais l'appartement ne m'est apparu ainsi, presque hostile. Il n'y a plus rien en lui à quoi je puisse me raccrocher, ni le coin Mahler, ni la porte qui est une cloison à elle toute seule, ni aucun souvenir. C'est l'urgence permanente, à chaque instant il faut juste trouver le moyen de passer sans dommage à l'instant suivant et les instants sont éternels, je ne sais pas comment je vais m'en sortir sinon qu'il ne faut pas y penser. Bouger les yeux de quarante-cinq degrés vers la gauche pour les porter vers monsieur Marc est un mouvement, réclame un effort, physique ou mental je suis incapable de le déterminer. Il sent quand je le regarde et me regarde à son tour, à moins que ce ne soit lui qui ait commencé et que ce ne soit attiré par ses yeux que je me tourne vers lui. En tout cas, quand je le vois, je sais dans quel état est monsieur Marc à ce dixième ou centième de seconde : si je constate qu'il va bien, je prolonge mon regard pour me nourrir de ce refuge ; dans le cas inverse, je l'abrège pour ne pas être contaminé de son désespoir, n'osant de toute façon poser les yeux dessus que lorsque je crois montrer un visage acceptable, quand l'angoisse est sous contrôle. Je sais bien que si l'un des deux sombre l'autre n'y résistera pas. L'égoïsme le plus absolu est aussi requis par générosité.

C'est en outre à moi de m'acquitter des tâches pratiques de la séance, je suis l'unique spécialiste face à monsieur Marc qui n'entend pas que le disque est fini, qu'il faut s'occuper d'en mettre un autre, infiniment précautionneusement avec ma maladresse décuplée par la drogue, qui ne sait pas qu'il faut au moins tâcher de rythmer ce temps infini où l'acide se passe à attendre le moment où l'acide sera passé, où on pourra réfléchir plus sereinement, penser à Michel.

Le téléphone du salon sonne. Ça n'est jamais arrivé dans cette situation, Gérard doit avoir l'habitude de le débrancher. Je suis forcé de répondre. C'est Éric. Je suis tombé amoureux de ce garçon il y a quelques mois, nos désirs étaient dissemblables mais il a su faire en sorte que ça n'entrave pas notre lien, ce dont je lui suis d'autant plus reconnaissant qu'il n'a que vingt ans, son habileté relationnelle m'en paraît plus remarquable. Alors que mes sentiments pour lui sont loin d'être éteints et même s'ils sont moins forts parce que je n'ai toujours pas pu me débarrasser l'esprit et le corps de Valentin que je n'ai jamais revu, Éric est tombé amoureux il y a quinze jours d'un autre garçon. Il téléphone parce que ça vient de mal se passer avec cet autre garçon, il se sent perdu, demande s'il peut passer. J'ai pris plusieurs acides avec lui, il sait donc dans quel état ça met, s'il réclame de venir quand même c'est qu'il faut qu'il vienne, je ne peux qu'accepter. Au demeurant, je n'ai pas le cœur à être jaloux ou quoi que ce soit quand ce qui me préoccupe est d'une envergure sans commune mesure. Les amoureux passent, Michel est là pour l'éternité.

Miraculeusement, on atteint sans flip monumental une période de répit, quand le plus fort de l'acide est enfin derrière nous. Être expérimenté me permet de reconnaître à coup sûr l'instant où on peut prendre l'héroïne sans danger, au contraire, pour mieux basculer dans la seconde partie du trip. En plus, dès qu'il s'agit d'une drogue où il est beaucoup plus compétent que moi, monsieur Marc se sent à l'aise, même s'il est exclu de se l'injecter ainsi que c'est son habitude. Il s'est montré docile à mes objurgations de ne pas penser à Michel – ça lui est rendu plus aisé par son ignorance de l'acide et donc de ce que Michel risque –, maintenant il est amusé d'être dans l'appartement sans Michel, ce qui est pour lui une expérience rare, et il atteint une plus joyeuse humeur qui m'entraîne. Je fais deux grosses lignes et renifle la mienne avec la paille de McDonald's apportée pour ça et que je tends ensuite à monsieur Marc. Mais je me suis mal mouché avant, la paille est pleine de morve, dégueulasse. Monsieur Marc la passe sous l'eau pour la nettoyer. Lorsqu'il revient avec la paille trempée, il s'avère que c'était une idée idiote, l'héroïne va s'accrocher à l'humidité du plastique et sera insniffable. On essaie de faire sécher la paille en soufflant dedans, en tentant d'y introduire un mouchoir, n'importe quel tissu peu épais, en vain si ce n'est que c'est le meilleur moment de l'après-midi, que ça nous fait rire jusqu'à ce que monsieur Marc sorte un billet de sa poche et le roule en paille, pratique qui est la banalité même et dont on rit aussi qu'il nous ait fallu si longtemps pour la redécouvrir. Ça va mieux, du moins pour nous deux.

Éric arrive pendant une autre plage plus faible de l'acide et je peux donc lui expliquer la situation en quelques mots. C'est ce qu'il lui fallait, manifestement rien que d'être ici lui fait du bien. Mais monsieur Marc et moi replongeons peu à peu, c'est comme une nouvelle attaque après un répit, comme des assiégés qui doivent repartir au combat. À la longue, on est épuisés, l'énergie consommée par l'acide en soi plus celle dépensée à s'en défendre. On entend une clé actionner la porte puis la porte de l'entrée s'ouvrir pour laisser apparaître Michel, accompagné d'un type plus proche de son âge que du nôtre et qu'on ne connaît pas. Quoi encore ? Michel a toujours l'air mal, quoique plutôt moins. Et qui est le type ?

Cet homme nous réclame un verre d'eau dont Michel muet a besoin pour avaler un comprimé. En fait, l'acide est toujours dans une phase dont on ne soupçonne pas la force. L'inconnu m'a fait mauvaise impression du premier instant, ça se confirme. À peine a-t-il fini de prononcer sa phrase que, nouvel effet certainement de mon extra-lucidité, j'y vois une tentative de meurtre ou de suicide assisté, que ce comprimé est une façon d'en finir avec Michel, et je reste planté sur place, hostile. Je sens monsieur Marc dans le même état d'esprit. Éric est discrètement dans un coin, hors de ma vue. J'ai toujours l'esprit qui part dans tous les sens mais une chose est sûre, mon immobilité est un témoignage d'agressivité. Que ce type ne compte pas sur nous pour sa sale besogne. Je ne sais pas si je fais le geste mais je suis comme un enfant boudeur qui croise les bras pour mieux manifester qu'il n'obéira pas.

La tension de cette scène me transforme en une bulle, un lac d'angoisse. Instantanément, je me sens comme ces personnages de bande dessinée ou de dessins animés qui essorent leurs vêtements après une peur tellement ceux-ci sont gorgés de sueur. J'ai l'impression d'être fait d'eau, une statue d'eau qu'on pourrait essorer corps et os. Je n'imagine pas situation plus épouvantable que celle que je vois : quelqu'un que j'aime est là qui me demande un service vital et je suis incapable de le lui rendre, c'est le fantasme à rebours, celui de la perversité. Je crois que Michel veut que je fasse quelque chose et je ne sais même pas quel jour on est, je serais incapable de lire l'heure, je ne maîtrise rien de rien. C'est comme si, emporté par un tourbillon, il me tendait la main que je n'aurais qu'à lui serrer pour le sauver mais qu'une crampe ou je ne sais quoi sur quoi je n'ai nul pouvoir m'empêchait précisément de le faire.

« Où est la cuisine ? » demande le type. On ne répond pas. Michel lui indique et absorbe son comprimé quand l'autre revient avec le verre, puis va se coucher dans sa chambre. L'inconnu part sans qu'on ait échangé un mot.

On a pris l'acide en tout début d'après-midi de sorte qu'il y a encore la chaleur d'août, pleine lumière. Monsieur Marc et moi sommes un peu perdus dans le salon, Michel dormant à côté, Éric est dans la pièce mais notre trip nous le rend presque inaccessible. On essaie tous les deux de reprendre quelques-uns de nos esprits. Mais la lutte continue malgré l'effet de l'héroïne, jamais je n'ai été confronté à un acide aussi fort.

Tout à coup, Michel sort de sa chambre en slip. Il est toujours tellement pudique que cette seule vision m'inquiète à nouveau. Si ce n'est que le tourbillon est passé, que Michel n'a pas été emporté. Il raconte les grandes lignes de ce qui lui est arrivé, j'ai l'impression d'être seul avec lui durant ce récit, isolé de monsieur Marc et d'Éric qui ne l'a jamais vu auparavant. À un moment, il était tellement mal qu'il a pensé à aller chez un médecin du quartier qu'il connaît un peu et où il y avait consultation. La salle d'attente était pleine et il s'est enfermé là, parmi les vieilles dames et les enfants qui sont la majorité de ces consultations de l'après-midi. Même au milieu d'un acide qui se passe merveilleusement, une telle situation a de quoi entraîner illico n'importe qui vers le fond, je ne comprends pas comment Michel a pu faire ça. Il dit qu'il a été héroïque, mot tellement étonnant dans sa bouche qu'il emporte immédiatement ma conviction, c'est la seule explication à cette conduite. Michel tempère tout de suite le terme, raconte que le médecin, dès qu'il a ouvert la porte, s'est rendu compte que quelque chose ne tournait pas rond et l'a fait entrer dans son cabinet en premier. Il a alors été capable de lui expliquer les choses et l'autre lui a prescrit un fort calmant. Entre chez le médecin et la pharmacie, il s'est assis sur un banc et est justement passé un type qu'il connaissait et qui a bien dû voir quelque chose aussi puisque Michel a été très content que l'inconnu, qui n'en est pas un pour lui, l'accompagne à la pharmacie puis jusqu'à l'appartement. Il retourne se coucher. Le téléphone sonne dans le studio. C'est Daniel, qui sait qu'on devait prendre de l'acide et vient aux nouvelles, et à qui je peux juste répondre que ça ne s'est pas bien passé et qu'il vaut mieux qu'il vienne. Très vite, il est là. Je lui fais le résumé le plus cohérent que je peux et Daniel va voir Michel dans sa chambre. Il est rassuré quand il ressort. Pendant un temps infini, il me semble alors lui raconter perpétuellement cet acide, revenant en arrière pour préciser certains détails quand ce n'est pas monsieur Marc qui le fait, ressassant. Quand j'en arrive à l'affaire du verre d'eau et du comprimé, Éric commente en disant (sans malveillance, il connaît l'acide) qu'on était ridicules, faisant d'un verre d'eau l'affaire du siècle. Alors je redis ce que je pensais, et monsieur Marc aussi, ça n'en finit pas. Mais Éric utilise le téléphone, parvient à joindre son nouvel amoureux et nous quitte dans la foulée, son plaisir fait plaisir comme enfin une bonne nouvelle après une rude journée. Tard, Daniel dit qu'il va dormir rue de Vaugirard et on le laisse enfin, monsieur Marc et moi, pour s'engouffrer dans la rue.

On a autant besoin de marcher que de parler. La nuit est largement tombée, maintenant. Je raccompagne monsieur Marc jusqu'à son appartement, ça fait des kilomètres. J'ai toujours vu l'acide comme un créateur d'intimité, ô combien plus quand il se passe si difficilement. Monsieur Marc et moi sommes des proches, désormais, nous qui ne nous étions jamais vus à l'heure du déjeuner. Je me sens abandonné en le quittant, je ne veux pas rentrer chez moi où ma solitude sera plus pesante, je marche encore. J'arrive dans une boîte où je vais parfois mais jamais à cette heure. Je n'ai aucune envie d'un garçon. Juste, malgré ma fatigue, j'ai encore trop d'énergie, je pense trop fort. Obsessionnel, je n'ai que Michel en tête. On me fiche dehors de la boîte parce que c'est l'heure de fermeture, il n'y a plus d'autre solution que rentrer chez moi, fût-ce en faisant des détours, en patientant sur des bancs. Le jour est levé. J'ai un message sur mon répondeur datant de deux heures du matin où Éric me dit que tout va bien en ce qui le concerne, et je ne pensais pas à lui mais ça me fait plaisir qu'il réapparaisse ainsi. Il y a des messages vierges après, comme si Michel avait appelé avec la force de me parler mais pas à mon répondeur. Je me couche même s'il est évident que j'aurai du mal à dormir. Je ne débranche pas le téléphone pour si j'y parviens quand même, dans l'espoir d'être réveillé par un coup de fil de Michel dont j'imagine qu'il me le passera dès qu'il sera en état.

Ces heures sont un cauchemar. Les effets pervers de l'acide ne sont pas minorés mais multipliés par ceux de l'héroïne qui tourne mal, elle aussi. Les rideaux de ma chambre sont des ennemis. Il y a en eux une hostilité que je ne peux pas ne pas percevoir. Je sais que c'est une hallucination, une folie, mais ça n'y change rien, de même que j'ai peur devant un film d'horreur sanglant quand bien même je sais que ce ne sont sur l'écran que des comédiens et que le sang est de la confiture de groseille. Le seul moyen de lutter contre cette agression, c'est de garder les yeux ouverts, tout se déchaîne quand je les ferme un instant. L'unique façon de garder les rideaux à distance, c'est de les avoir en permanence sous les yeux. J'ai envie de dormir, maintenant, naturellement. Juste fermer les yeux, je n'en peux plus de maintenir les paupières levées, c'est un effort physique, c'est un effort mental, c'est un enfer.

Je ne pense même pas à si je n'avais pas ajouté l'héroïne à l'acide, à si je n'avais pas pris l'acide, à la bonne journée banale que ç'aurait pu être. La situation est ce qu'elle est, la drogue se déploie autour de moi, s'incarne dans des représentations maléfiques auxquelles je ne peux pas faire autrement que croire même si je n'y crois pas. C'est ça, une hallucination – une erreur d'analyse impossible à corriger, une incapacité. Avec mon don pour l'inquiétude, je redoute les moments où garder les yeux ouverts ne suffira plus à m'en préserver.

Le téléphone sonne, Michel a l'air bien, tout de suite je suis rassuré. Comme il m'y invite, je cours rue de Vaugirard sous prétexte de déjeuner ou petit déjeuner malgré l'heure avec lui pour qu'on parle, qu'on soit ensemble. Michel est moins vif qu'habituellement et il y a encore des restes d'acide visibles sur son visage. Il raconte toutefois joyeusement que l'ami qui l'a ramené chez lui hier et envers qui monsieur Marc et moi nous sommes conduits si curieusement a cru qu'on était deux tapins qui ne se souciaient que de se sortir du guêpier dans lequel ils s'étaient fourrés malgré eux. Ça me plaît qu'on pense les autres prêts à payer pour coucher avec moi.

De longue date, je prévois de partir ce week-end en Normandie pour un séjour familial. Je m'y tiens mais rentre dimanche dès l'après-midi. Je passe dîner rue de Vaugirard à une heure indue tellement c'est tôt et Michel, exceptionnellement, m'emmène dans un restaurant à quelques pas. Exceptionnellement aussi, il parle de son travail, du livre en train de se faire. Ni lui ni moi n'avons récupéré notre état normal. Il est toujours très tôt quand on quitte le restaurant et Michel me dépose en voiture dans le bar où j'ai mes habitudes, comme honteux de me gâcher la soirée en la finissant à cette heure. À peine ai-je mis les pieds dans le bar que j'y reconnais Valentin, le garçon après qui je cours depuis deux ans et que j'ai d'ailleurs déjà rencontré là, pour notre première et unique nuit commune. L'amoureux est en compagnie de trois garçons. Je m'approche d'eux, de lui, le regarde de telle manière que Valentin m'interroge. Je vois qu'il ne me reconnaît pas. Alors j'évoque notre nuit commune mais ses compagnons persiflent que c'est bien maigre, comme s'il multipliait les partenaires et les abandons. Je ne me démonte pas. Je parle maintenant des interminables coups de fil, du rendez-vous manqué. Tout à coup, il m'identifie. Lucidité ? Extralucidité ? Erreur ? Je suis persuadé que, d'une manière ou d'une autre, je compte pour lui.

Quand je lui raconte tout le lendemain, que je n'ai pas passé la nuit avec Valentin mais que je dois déjeuner après-demain avec lui, Michel me demande de lui promettre que, s'il ne vient pas, je laisse tomber pour de bon, cette fois-ci. « Il peut encore rater un rendez-vous, non ? » réponds-je piteusement en appuyant sur le chiffre tellement je ne peux pas me débarrasser du garçon ni manquer à une promesse faite à Michel.

## 7

« J'ai beaucoup entendu parler de vous », dit
Michel à Valentin qui se réservait plutôt cette
réplique quand je l'emmène dîner pour la première
fois rue de Vaugirard. Un soir où on se dispute,
comme je dois lui faire au moins implicitement la
leçon, Valentin me répond, renseigné par moi sur
ma famille, qu'on reconnaît en moi le petit-fils de
procureur. Cela me frappe d'emblée et particulièrement le lendemain, chez Michel. Je le tiens au courant des problèmes que mon père fait maintenant
pour mon deuxième roman, qu'il voudrait perpé-
tuer mon pseudonyme. J'ai accepté pour le premier
par compromis, pas pour que ça engage l'avenir. Michel lui-même est surpris, trouve que mon
père exagère. Aigri, j'imagine alors que mon père
est jaloux des écrivains, de ne pas écrire. Michel
n'y croit pas une seconde. L'agacement suscité,
ajoute-t-il en citant une source parmi un des anciens
auteurs de mon père, viendrait plutôt de ce qu'en

lui parlant il ferait en sorte qu'on ait le sentiment d'avoir à faire à un tribunal où siégerait par son intermédiaire l'ensemble des auteurs prestigieux qu'il édite. Je juge nécessaire de changer d'éditeur et de manière de juger. Mon avenir ne passe plus par la maison de mon père. Lorsqu'il me parle de ce que deviendront les éditions après sa mort, je sais ce qu'il attend que je réponde, alors je dis autre chose.

Quand j'arrive rue de Vaugirard, Michel me raconte avoir lu dans l'après-midi un article du *Monde* écrit à l'occasion de l'anniversaire de la mort d'un musicien dont il fut proche. L'article pointe les manques du compositeur, ce qui explique qu'encore aujourd'hui il n'ait pas une plus grande reconnaissance, et Michel me dit avoir été convaincu quelques instants, puis avoir eu honte de cette réaction. C'est rare qu'il ait cette forme d'intimité. Je l'ai déjà entendu dire que la mort est un événement tel qu'on ne peut le recevoir immédiatement mais qu'elle a au moins un avantage, le survivant devient maître de la relation. Elle n'évoluera plus qu'en lui. J'ai un lien étrange à la conversation de Michel, intelligence et affection y sont tellement mêlées. Parfois, je prends tout ce qu'il me dit pour des informations quand bien même j'ai du mal à les déchiffrer, parfois rien.

Mon frère, sachant que je suis intime de Michel, me vante ma chance. J'en ai conscience, lui réponds-je, et je lui raconte comment je pèse sur lui chaque fois que je suis amoureux. Il trouve que je pourrais avoir un meilleur usage d'un tel ami. Je l'ai, mais pas les mots pour le raconter.

Michel n'a pas de voyage en vue, aucune occasion d'investir la rue de Vaugirard en bande à brève échéance. De toute façon, fini pour l'acide, du moins à Paris. À Paris, on ne peut en prendre que rue de Vaugirard et je ne me sens pas d'en reprendre pour que me revienne en tête le précédent. Depuis quelque temps, j'essaie parfois en Normandie, quand je pars en week-end accompagné dans la propriété qu'y possèdent mes grands-parents. Avec Gérard, une fois, où on rencontre un autre Hervé que je connais de l'enfance et de l'adolescence mais que je n'ai pas vu depuis des années et qui, par l'héroïne, comme monsieur Marc, a une telle maîtrise de la drogue qu'il peut passer une bonne partie de son acide avec ses parents sans anicroche. Avec Éric, qui s'agenouille soudain devant moi pour relacer mes chaussures à la grande surprise de mes cousins ainsi confrontés à mon homosexualité. Et maintenant avec Valentin, où c'est d'une grande intensité avec ses bons et ses mauvais moments. Quelque chose est changé depuis que l'acide est éjecté de la rue de Vaugirard, quelque chose est passé. On récupère quand même l'appartement pour quelques jours. On n'y prend rien que du bon temps.

Michel organise parfois de petites soirées, comme pour le danseur japonais. Une fois, c'est en l'honneur d'un photographe américain qu'adore Hervé et pour le catalogue de l'exposition duquel Michel écrit une préface. Et c'est l'occasion, pour Hervé et moi, d'être à nouveau invités de concert rue de Vaugirard. Au début, c'était courant, mais nous étions tellement bêtes ensemble que même Michel a eu du mal à le supporter et a préféré un temps nous recevoir chacun de notre côté. Un soir qu'on y dînait tous les trois dans la cuisine, le téléphone a sonné dans le salon et, Michel étant occupé, Hervé est allé répondre. Il y a en fait deux lignes de téléphone rue de Vaugirard. Une, dans le studio, est celle à laquelle répond Michel et est sur liste rouge. L'autre, dans le salon, reste la plupart du temps débranchée, ce qui est commode puisque ça me permet de la brancher et de donner mon numéro rue de Vaugirard sans risquer que ça dérange trop Michel à son retour. Elle l'était aussi le jour de ce dîner et Hervé revient moqueusement dire à Michel que, lorsqu'il a demandé de la part de qui, une jeune voix masculine lui a répondu : « D'un grand ami de Michel. » Michel y va et revient à son tour cinq minutes plus tard en disant que c'était en effet un ami. « Un grand ami mais qui n'a pas le bon numéro », dit Hervé car nous sommes aussi pestes que bêtes.

La soirée, cette fois-ci, est pour William Burroughs. Un film sur lui sort en salles et le cinéaste et son sujet sont rue de Vaugirard, en compagnie du traducteur du film qui est le grand ami de Michel qui n'avait pas le bon numéro. Depuis, comme Michel, j'ai été l'amant de ce garçon qui m'agace cependant parce qu'il est toujours d'accord avec ce que je dis, ce qui m'oblige à pousser la provocation un peu loin quand je veux susciter l'indignation. Michel m'a d'ailleurs interrogé sur ce point avant de me dire que c'était pareil pour lui, qu'il avait eu le même agacement. Et il m'a raconté qu'il avait demandé à un ancien amoureux de ce garçon pourquoi ils s'étaient séparés et que celui-ci lui avait répondu que c'était parce que le garçon était infernal, qu'il disait toujours le contraire de ce que lui avançait. Pendant toute la soirée, Hervé et moi, malgré le goût qu'on a pour l'œuvre de Burroughs, restons seuls ensemble, n'adressant sinon la parole qu'à Michel par ailleurs occupé à vérifier que tout se passe pour le mieux. Pour ma part, j'ai toujours le sentiment que les autres ne profitent pas de la rue de Vaugirard autant qu'ils pourraient, qu'ils devraient, même si, à moi aussi, elle est moins accueillante en ces occasions.

« Hervé est la seule personne que je connaisse qui peut dire : "Je viens de lire un livre magnifique. Ça s'appelle *La Chartreuse de Parme*" », me dit Michel avec joie. C'est à son ton que le compliment est éclatant. Jamais, de toute façon, il ne me dirait un mot contre Hervé. Comme celui-ci a écrit avec grand plaisir un scénario avec Patrice Chéreau et que les choses se sont gâtées quand le temps du scénario a été passé et que ce fut celui du tournage, Michel ne prend toutefois pas le parti d'Hervé, comme je l'aurais parié, gardant la balance équilibrée. Il est toujours sensible dans une œuvre à la qualité du rapport que l'auteur a avec ce travail, ça devient presque à mes yeux un élément déterminant. Le film est terminé que Michel revient, non comme une critique mais comme un constat, une nécessité afférente à la jeunesse, sur cette difficulté pour Hervé à supporter la dépossession. Alors que la dépossession, il semble soudain que ce soit un des intérêts de Michel, il parle d'effacement, il en parle à plusieurs reprises, comme un objectif.

Un soir, je ne suis pas rue de Vaugirard depuis trois minutes qu'il me met le second volume Pléiade des *Mémoires d'outre-tombe* entre les mains. Il s'ouvre après la mort de Napoléon, quand Chateaubriand regrette cet adversaire d'envergure et de se retrouver dans un monde si terne. « En m'exprimant sur notre peu de valeur, j'ai serré de près ma conscience ; je me suis demandé si je ne m'étais pas incorporé par calcul à la nullité de ces temps, pour acquérir le droit de condamner les autres ; persuadé que j'étais *in petto* que mon nom se lirait au milieu de toutes ces effaçures. Non : je suis convaincu que nous nous évanouirons tous : premièrement parce que nous n'avons pas en nous de quoi vivre ; secondement parce que le siècle dans lequel nous commençons ou finissons nos jours n'a plus lui-même de quoi nous faire vivre. » Ce qui plaît le plus à Michel dans ce passage est le mot « effaçures ». Me frappe la conviction qu'il y met plus que Chateaubriand.

Pour lui, la relation qu'Hervé et moi avons est une relation amoureuse. Ça me va parfaitement. Depuis que je suis parvenu à en avoir, j'ai toujours la sensation que mes malheurs dans les relations passionnelles proviennent en grande partie de conventions sociales desquelles je n'ai en vérité rien à faire, que ma jalousie est une construction extérieure, qu'une pitoyable vision de l'orgueil ne m'arrange pas. Michel développe autour de lui, par ses inéluctables gentillesse et intelligence, une autre création du monde, une invention des liens amoureux et sexuels, des corps et des sentiments. Je ne comprends pas forcément où cela me mène sinon vers une sorte de sauvetage dont je n'ai pas l'image précise. Ma relation avec Michel aussi est une relation amoureuse.

À plusieurs dîners, Michel a des quintes de toux dont il s'excuse, elles compliquent sa conversation. Il est fatigué par des examens médicaux, parfois, et il arrive, lorsqu'on est dans le salon, qu'il n'entende pas le téléphone sonner dans le studio et que je tâche de le lui signaler délicatement, sans penser plus loin. Une fin d'après-midi, il m'appelle pour dîner avec moi, comme je fais souvent quand je suis mal et que j'ai besoin de sa compagnie. J'ai déjà un rendez-vous. Je téléphone au garçon pour me décommander, ce n'est pas un ami mais un jeune homme malade avec qui personne ne doit se réjouir de dîner si bien qu'il excelle à mener ces conversations de dernière heure au téléphone, manifeste sa joie de me voir et qu'il a tout préparé avant que je n'aie pu placer un mot, de sorte que je ne parviens pas à annuler la soirée. Je rappelle Michel qui ne s'attendait pas à mon échec et je sens dans sa voix une déception qui me rend le dîner avec le garçon un cauchemar. Je me souviens d'une autre déception, un soir où je lui disais comme l'acide incite à se poser des questions qu'on ne se poserait jamais dans un état normal, suscitant une façon différente de penser, qu'il m'a demandé laquelle et qu'elle ne lui a pas semblé aussi intéressante qu'il l'espérait.

Michel est d'habitude si discret sur son travail que je suis toujours particulièrement attentif quand il l'évoque, plus fréquemment maintenant qu'arrive la fin de ses livres infinis. Je vois sa joie quand il est question de ce qu'il appelle son travail de couturière, alors que le livre est achevé et qu'il n'y a plus qu'à faire les dernières petites retouches dont la nécessité est impérative, lorsqu'il n'y a plus que des détails qui ne vont pas, des petits rien qui suffisent pour qu'en vérité rien n'aille mais que tout soit proche de son terme. Un soir, il me dit que ses livres sur lesquels il travaille depuis des années et des années sont finis, que cet achèvement a été un grand plaisir. Mais que, en se levant de la table où il avait intérieurement décrété cette fin, il a renversé un verre qui s'est cassé et qu'il lui a semblé que voilà, le temps de la satisfaction était révolu, il n'a duré que quelques secondes.

Lorsque, au moment de notre fâcherie, mon père a cessé la parution de la revue dont je m'occupais, Michel a d'abord été surpris que je ne me batte pas plus pour elle, d'autant que la revue lui paraissait en meilleure situation littéraire que jamais. Puis il s'est repris de son étonnement, estimant qu'on a toujours moins envie de faire ce qui ne fonctionnait pas et qui, au fil du temps, fonctionne. Aujourd'hui, il dit qu'autrefois les sujets qu'il abordait dans son travail n'intéressaient personne, et que maintenant tout le monde a l'air de se passionner pour. Son ton est celui du regret.

Mon frère fait un long métrage de dessin animé. J'accompagne Michel à une projection et il adore le film. J'en profite pour lui raconter mille choses sur mon frère, au fil des dîners. Ce soir-là, je l'ai vu dans l'après-midi et je dis à Michel comme le dessin animé ne fut pas une vocation, pour mon frère, qu'au contraire il a le sentiment qu'il aurait pu faire tout autre chose. Ça intéresse beaucoup plus Michel que je n'aurais pensé. Il trouve qu'écrire des livres est un hasard, pour lui.

La sortie de *L'Usage des plaisirs* et du *Souci de soi*, les deuxième et troisième tomes de son *Histoire de la sexualité*, le rend un peu anxieux. Il a abordé un sujet sur lequel il n'était pas érudit avant d'y travailler et redoute que les spécialistes patentés, ainsi que des rumeurs de plus en plus précises lui en font état, n'en profitent pour lui tomber dessus. C'est toujours pareil : nous, on ne comprend pas que les gens ne se réjouissent pas de la parution de ses nouveaux livres, qu'ils ne les voient pas comme une chance. Il m'a fait comprendre il y a quelque temps qu'il y avait certains ennemis qu'on perdait son temps à vouloir apaiser puisque ce que les gens n'aiment pas, ce n'est pas tant ce que vous faites que ce que vous êtes. Il lui est revenu qu'Untel a dit telle chose contre lui, démolissant son travail avant même de l'avoir lu. Il se trouve que cet Untel est un ami de mon père et je le répète à mon père, m'étonnant de la conduite de cet ami toujours si impeccable. « Je vais voir », dit mon père qui a toujours eu l'ambition d'ajouter le nom de Michel à son catalogue. Il me rappelle, ayant manifestement réglé l'affaire, Untel ne risque plus de moufter. Je fais mon compte rendu à Michel et Hervé me dit

un peu plus tard comme Michel a été touché de
mon intervention. Je suis surpris et agacé contre
moi-même : pour Michel, je ferais cent mille fois
plus. Je ne comprends pas qu'il n'en soit pas persuadé depuis des siècles.

## 8

À chaque période, il y a un soir fixe dans la semaine où je vais dîner rue de Vaugirard, indépendamment des soirées s'organisant spontanément. En ce moment, c'est le dimanche. L'après-midi, comme je n'ai toujours pas eu de nouvelles de Michel et que je ne suis pas chez moi, je l'appelle puisque notre convention est aussi de confirmer ce qui n'a pas besoin de l'être. Il me répond que ça tombe bien que je téléphone, qu'il faut annuler ce soir parce qu'il ne se sent pas bien et va être hospitalisé. Il ne me transmet aucune inquiétude, ma volonté de ne pas m'inquiéter pour lui quand je ne peux rien y faire survit à notre dernier acide.

Lundi, il ne répond pas au téléphone de la journée si bien que, le soir, j'appelle Daniel. Lui a l'air plus anxieux, comme je le suis en réalité. Michel s'est trouvé mal chez lui dimanche et on ne sait pas ce qu'il a. Daniel fait allusion à mon état durant la soirée d'hier. Je ne comprends pas. En fait, il m'a appelé dimanche soir et n'est pas tombé sur moi, un garçon lui a ri au nez quand il a demandé à me parler et il s'est donc imaginé, mû par l'habitude, que j'étais en plein LSD. Il ne sait pas que le temps des acides parisiens est passé. Je le détrompe, il a sans doute fait une erreur de numéro, et alors c'est lui qui ne comprend pas comment je sais que Michel est à la clinique. Je lui raconte. Ça lui fait plaisir que mon récit manifeste l'accord de Michel à son hospitalisation.

La clinique est deux stations de métro plus loin que la rue de Vaugirard. Il fait chaud. Michel est allongé en caleçon et T-shirt, il ne se lève pas. Quand il se rend compte qu'une de ses couilles dépasse de son caleçon, il y remédie gêné. Tout ça m'inquiète.

Il est transféré à l'hôpital de la Pitié-Salpêtrière, ce qui ne semble pas non plus de bon augure même si c'est plus près de chez moi. Au contraire de la clinique, il n'y a pas la télévision. Hervé et moi lui proposons de nous occuper d'en louer une pour qu'il puisse au moins voir dimanche la finale de Roland-Garros. On plaisante, on est tous les quatre ensemble avec Daniel, c'est un agréable après-midi.

Ça ne se pose plus, pour la télévision et Roland-Garros que McEnroe, le favori de Michel, perd après avoir été à deux doigts de gagner, je trouve ça un déplorable signe. Il est maintenant en salle de réanimation. À part pour Daniel avec qui on s'appelle tous les jours, les visites ne sont qu'avaricieusement autorisées. On n'entre en outre dans la pièce que recouvert de plastique des pieds et mains à la tête. Les médecins, à ce que m'en rapporte Daniel, ne sont guère précis ou guère informés mais on voit bien que les choses ne prennent pas une bonne tournure. Je parviens cependant à ne pas y penser, j'ai appris à combattre mon inquiétude pour Michel, je ne reçois que ce que je ne peux faire autrement que recevoir. Comme Daniel, dans le jardin ensoleillé de l'hôpital, me raconte le mauvais état où il vient de voir Michel, l'angoisse qu'il ne retrouve pas toutes ses capacités, toute mon imagination argumentative se déploie pour le rassurer avec une efficacité qui me contamine. « Je comprends pourquoi Michel t'aime tant », me remercie-t-il. Et le jardin ensoleillé est magnifique dans cette lumière.

Mais il y a des jours où Daniel va mal et où je le réconforte au téléphone. Parfois, il envie la relation qu'Hervé et moi avons avec Michel, sa gaieté, comme si lui-même n'était pas à la hauteur. Je sais tellement l'amour de Michel pour Daniel que cette invraisemblable humilité ne m'est pas difficile à combattre, je lui suis au contraire reconnaissant de l'avoir exprimée comme un hommage que lui-même est seul à pouvoir rendre, vu l'état actuel de Michel, à la relation qu'Hervé et moi avons pu construire avec lui.

La maladie de Michel se sait à *Libération*. On parle du sida, comme nous faisons Hervé et moi quoique le mot ne soit jamais prononcé avec Daniel jusqu'au jour où il m'appelle pour m'informer que les médecins lui ont assuré que « ce n'est pas le sida ». Je raccroche fou de joie. Je ne demande rien à la vie que la vie de Michel.

Je rentre chez moi où j'ai rendez-vous avec Gérard après déjeuner. Il y a un message inquiétant de Daniel sur mon répondeur, me demandant de venir tout de suite à l'hôpital. Je demande à Gérard de m'attendre, j'ai peur que Michel soit mort. De crainte que l'autobus soit pris dans des encombrements et sans penser que c'est à trois stations de métro, je pars pour la Pitié-Salpêtrière en courant, puisque le message de Daniel évoque l'urgence. J'arrive en nage. Je me repère maintenant sans mal dans les bâtiments, je parviens au bon étage. On ne m'autorise pas l'entrée dans le couloir mais je vois un crêpe noir à l'extérieur, au niveau de la chambre de Michel. Daniel vient m'accueillir pour m'annoncer le désastre. Il sort de sa poche une enveloppe qui contient le testament trouvé rue de Vaugirard qu'il me fait lire en vantant la générosité de Michel. Sa générosité envers Daniel me paraît la chose la plus naturelle du monde. Ce testament est d'une force sobre frappante mais, avec mon don pour l'angoisse, j'ai peur qu'il ne laisse certaines questions en suspens. J'approuve tout ce que Daniel me dit. Il m'introduit dans la pièce en se retirant délicatement, supposant que je veux être seul avec Michel une dernière fois. Je ne le veux pas, en vérité. Je n'ai pas choisi cette solitude accompagnée d'un cadavre, ma désolation prend la forme du malaise.

Je ne reste pas seul dans la pièce car y entre une amie de Michel que je n'ai jamais vue mais dont il m'a déjà parlé. Une de ses aïeules, grande dame de la Prusse, était dans un compartiment de train quand un officier supérieur est entré et lui a poliment demandé si ça la dérangeait qu'il fume. Michel adorait sa réponse : « Je ne sais pas. Personne n'a jamais fumé devant moi. » Sa descendante explique à Daniel, et indirectement à moi, qu'elle a senti quelque chose, qu'il lui a semblé qu'il fallait venir sur-le-champ à l'hôpital. Ça me paraît de l'indiscrétion mais, comme sa présence a plutôt l'air de soulager Daniel, je ravale une fois de plus mes mauvaises dispositions.

Je suis seul avec elle devant le corps. Elle me demande si c'est la première mort proche qui me frappe et, après mon oui, dit que je verrai, que je m'y ferai, qu'on peut vivre avec ça. Je suis comme un adolescent face à sa première souffrance d'amour à qui on explique que ce n'est pas grand-chose alors qu'il ne voit pas quoi de plus important pourrait lui survenir. Une sorte de rage que je crois ne pas manifester me prend contre cette femme. Il n'y a que l'adolescent amoureux à mettre si haut l'objet de son amour tandis que ce mort-ci, c'est Michel, tout le monde peut comprendre que ce soit un malheur hors du commun, que ce n'était pas une chimère, un ami comme j'en retrouverai dix. Elle me parle gentiment, me raccompagne en voiture jusqu'à la sortie de l'hôpital mais me laisse me débrouiller dès qu'on est sur le boulevard, ce que j'ajoute à son débit. Je retrouve Gérard à la maison où j'ai de l'héroïne, on en prend pour amortir le coup. J'appelle Hervé pour lui dire de ne pas se retrouver involontairement seul dans la chambre avec le corps de Michel comme ça m'est arrivé, ça me paraît soudain très important, mais je n'arrive pas à le joindre. J'appelle Thierry pour le mettre au courant, et aussi monsieur Marc à qui je n'ai pas parlé depuis qu'on s'est quittés après notre interminable marche au milieu de la nuit du dernier acide. Daniel m'a demandé de donner ces deux coups de fil pour les informer, comme lui-même en donne d'autres, parce qu'il a été décidé de ne pas rendre l'information publique avant que le frère de Michel ne soit arrivé chez leur mère, en province, pour lui annoncer. Hervé m'appelle pour savoir s'il peut passer et il passe. Lui, se retrouver dans la chambre de Michel ne lui a pas pesé. Il part rapidement.

Depuis quelques mois, j'anime le lundi soir une émission sur une radio pour jeunes. Michel a

même pris soin de l'écouter et de me conseiller sur
la façon de moduler ma voix. Gérard est venu m'y
accompagner pour coanimer, puis notre ami Marc,
et ce soir on est quatre avec Valentin. Être là est
le dernier endroit où j'aimerais être, en outre pour
faire le pitre qui est ce qui nous amuse à la radio,
mais je ne m'imagine pas faire autrement. Valentin,
qui est acteur à ceci près qu'il n'a jamais aucun rôle,
attache en plus de l'importance à cette émission,
comme si ça pouvait l'aider pour sa carrière. Elle
se passe vaille que vaille, en fait ce n'est pas plus
mal d'avoir l'esprit concentré sur autre chose, j'ai
juste prévenu le technicien qu'un ami était mort et
que j'étais donc d'humeur particulière pour qu'il
ne me lance pas des sortes de défis ainsi qu'il fait
parfois par jeu. Il est plus d'une heure du matin
quand on quitte le studio. Je n'ai aucune envie de
dormir seul, je veux passer la nuit avec Valentin à
qui, fidèle à la discrétion demandée tout à l'heure
par Daniel, je n'ai rien dit. D'autant que je ne veux
pas le contraindre, il ne faut pas que ce soit parce
que Michel est mort qu'il couche à la maison, alors
que si, c'est peut-être pour ça que je le veux tant.
Il refuse. Je le lui reproche au téléphone le matin
après avoir lu les journaux rendant hommage à
Michel. Il dit qu'il avait appris la mort de Michel
et, comme je ne lui en parlais pas, ne savait pas si
j'étais au courant et était donc mal à l'aise à l'idée
de partager cette nuit avec moi. Je suis convaincu

de la validité de son mobile sans que ça remette
en cause que c'était malvenu de m'abandonner ce
soir-là, malvenu pour notre relation, indépendamment de la morale. Ça m'évoque l'incident stupide
qui m'est arrivé il y a un mois. Michel m'avait fait
envoyer ses nouveaux livres et, dînant le soir rue
de Vaugirard, je ne les y avais pas apportés, pour
ne pas avoir l'air de réclamer une dédicace. Et
Michel, qui croyait que naturellement je viendrais
avec eux, avait regretté en disant qu'il aimerait me
les dédicacer et j'avais bien compris qu'il avait en
tête les phrases qu'il voulait m'écrire. Je ne l'ai plus
revu qu'à la clinique et à l'hôpital où je n'allais pas
l'encombrer de ça.

Hervé vient le soir chez moi après avoir
accompagné Daniel à l'hôpital pour des forma-
lités et il a vu quelques papiers. Je regarde France-
Espagne, la finale de l'Euro de football à la télévision avec Valentin. Hervé a à me parler, on va dans
mon bureau. Il m'annonce que Michel est officiellement mort du sida. Valentin nous interrompt pour
annoncer que les Français viennent de marquer le
but qui leur assure la victoire, si je veux venir voir
le ralenti. Non. Il sort. Je ne sais pas quoi dire à
Hervé. Je m'en fiche, de quoi Michel est mort. C'est
juste arrivé avant-hier : je ne pense qu'à ça. Mais les
médecins, quand même. Pourquoi ont-ils parlé s'ils
ne pouvaient rien dire ? Je leur en veux de la même
manière qu'à la descendante de la femme devant

qui on n'avait jamais fumé et qui ne m'a pas rac-
compagné jusque chez moi.

Hervé et moi passons la soirée avec Daniel. Il
nous tient au courant de la cérémonie. La levée du
corps aura lieu le matin à la morgue puis le cadavre
sera transféré dans le village où habite la mère de
Michel pour y être enterré. Plusieurs personnes y
viendront en voiture, nous n'aurons pas de problème
de véhicules. Une couronne de fleurs sera enterrée
avec Michel sur laquelle, « puisqu'il n'y avait pas que
l'amour mais aussi l'amitié dans la vie de Michel », il
a décidé que seront inscrits nos trois prénoms. Ça
me touche, ça me semble d'une générosité infinie. Il
est bien l'héritier de Michel.

Daniel met aussi sur pied le voyage définitif
jusqu'au cimetière. Il sera dans la même voiture
qu'Hervé et François Ewald, l'assistant de Michel au
Collège de France, tandis qu'il m'en a désigné une
autre, avec Thierry. Très vite, ça m'angoisse. Avec
Daniel et Hervé, bien sûr que j'irais à l'enterrement
en bonne compagnie mais, avec Thierry que je ne
vois plus guère et un conducteur inconnu qui a en
outre eu l'indiscrétion de faire suivre l'information
de la mort de Michel, que Daniel avait estimé de
son devoir de lui faire connaître dès survenue, à
un responsable de mon journal qui m'avait ensuite
appelé pour s'étonner de ne pas tenir l'information
de moi, cette perspective m'atterre comme une

punition. Je décide de ne pas y aller mais avec mauvaise conscience. J'écris une lettre pour Daniel mais il est presque trop tard pour la lui faire parvenir. Hélie propose d'aller la lui porter à l'autre bout de Paris, puisque Daniel est voisin de la rue de Vaugirard, et j'accepte avec une reconnaissance exagérée. J'espère que Daniel ne le prendra pas mal. Hélie revient en m'annonçant qu'il l'a rencontré dans le hall de son immeuble et lui a donné la lettre en lui expliquant de quoi il s'agissait. Daniel n'a attaché aucune mauvaise importance à mon forfait, bien sûr que je ne vienne pas si ça me pèse.

*Libération* prépare pour le jour de l'enterrement un numéro d'hommage. Une historienne que Michel respectait vient déposer son article. Je ne me rappelle pas qu'elle sait que je le connaissais et elle me dit : « C'est aigre, hein ? » sans rien ajouter et je trouve que c'est un mot qui convient. Hervé me fait parvenir un texte dont Michel lui avait parlé où il raconte sa passion pour Daniel, afin que je le transmette au journal, sa parution pouvant faire plaisir à Daniel et faire plaisir à Daniel étant le plus que nous pouvons désormais faire pour Michel. Le texte paraît.

La levée du corps se déroule tôt à la morgue, lieu naturellement sinistre. Gérard et Hélie passent me chercher chez moi pour m'y accompagner, j'ai accepté avec gratitude cette proposition que je n'aurais jamais osé formuler. Cette mort est un désastre pour tout le monde, c'est généreux de m'accorder un traitement particulier. Il y a un monde fou. Mon père surgit et me serre sans un mot entre ses bras, je crois que c'est la seule fois qu'il a fait ça. Gérard rencontre plusieurs personnes que je ne connais pas et que lui connaît parce qu'elles fréquentaient Michel au temps où Thierry habitait rue de Vaugirard et où déjà il y passait sa vie. J'ai peur d'être pris dans la foule mais Daniel nous aperçoit et nous amène parmi les proches. Un ami de jeunesse de Michel est là à pleurer à grands sanglots, un mouchoir à la main, et ça m'agace alors que moi je ne pleure pas et même pas Daniel. Ça me soulage d'avoir revu Michel bien après l'avoir vu si mal avec l'acide. Les choses se passent rapidement. Ensuite, pour un moindre public, Gilles Deleuze, ami retrouvé de Michel, dit quelques mots qui me bouleversent. Puis on se sépare. Hervé, Daniel, Thierry vont rejoindre leurs voitures, je rentre avec Gérard et Hélie. C'est fini.

Un très vieux maître de Michel, frappé par ma douleur à la levée du corps, a envie de me voir, me fait savoir Daniel en me donnant son numéro de téléphone. J'appelle et j'y vais. Il est très sympathique, se démène pour me consoler. Je le revois. Lui qui a dépassé quatre-vingts ans me parle de la chance de Michel de mourir encore jeune, en

ayant profité de la vie, s'épargnant la vieillesse. Il
me parle d'amour. La sexualité n'est plus son occupation ni sa préoccupation, bien sûr, mais il aimerait que je l'embrasse. Je m'exécute, ça ne me gêne
presque pas. Mon corps aussi est à la dérive, sans
doute.

Je dîne avec Hervé qui m'annonce que telle
amie à lui vient de se casser le bras, la pauvre. Il
le dit sur un ton de circonstance qui me flanque le
fou rire car comment puis-je croire que ça l'affecte ?
Qu'est-ce comme malheur qu'un bras cassé ? Et il
est emporté aussi par mon fou rire, et c'est notre
meilleur moment depuis la mort de Michel.

Mais autant j'ai été d'un réconfort efficace
durant l'hospitalisation de Michel, fusant d'hypo-
thèses optimistes qui n'étaient pas le fort d'Hervé,
autant les choses s'inversent dès la mort survenue. Tandis que je tâche de ne pas sombrer, Hervé
entoure Daniel, le convie même à l'île d'Elbe, dans
cet ermitage qu'il adore, qui est pour lui une sorte
de lieu magique, sa rue de Vaugirard. Et moi je
plonge, je n'y comprends rien. Ma calamiteuse
adolescence infinie, j'en avais enfin vu le bout pour
m'immerger dans la vie, comprendre que des êtres
humains partageaient la même planète et avaient
donc quand même un certain degré d'accessibilité,
tout simplement que le bonheur était possible, et
c'est comme si cette découverte, dépassée, n'avait
soudain aucune valeur. Désormais il faut espé-

rer moins de l'existence. Je croyais avoir accédé à quelque chose d'éternel et cet éternel s'est dérobé.

Je croyais que c'était la vie et c'était la jeunesse.

EUX

1

À l'occasion des vingt ans de la mort de Michel,
*Libération* publia un cahier spécial comprenant un
long entretien avec Daniel. Il y expliquait comment
les circonstances de cette mort, la façon dont eux
deux avaient été traités à l'hôpital, dont lui-même
avait été tenu à l'écart de la maladie de Michel,
l'avaient amené à créer Aides, la première association en France pour aider les malades du sida. Un
médecin l'avait dissuadé d'imaginer que Michel en
était atteint en lui affirmant que, si c'était le cas,
il l'aurait examiné lui aussi. Daniel précisait que,
puisque Michel n'avait pas dit lui-même qu'il était
atteint du sida, ce n'était pas à lui de s'y mettre.
« J'avais un problème à résoudre : ne pas parler pour
lui mais pas ne rien faire. » J'adorerais trouver un
moyen d'agir, d'écrire de même, depuis le temps
que je veux parler de la rue de Vaugirard.

Dans l'entretien, Daniel disait aussi que Michel
n'avait pas pu voir qui il souhaitait à l'hôpital, ni

Gilles Deleuze, ni Georges Canguilhem, ni moi. Je lui téléphonai pour le remercier de ce prestigieux environnement tout en lui signalant que c'était faux, que, naturellement, j'avais vu Michel à l'hôpital. « Je sais, me répondit-il, mais je tenais à ce que tu apparaisses dans ces pages. »

Longtemps avant, après avoir écrit sur le travail d'Hervé, j'en avais parlé à Michel, relevant toutes les libertés qu'Hervé prenait dans ses textes avec des faits dont j'avais été témoin, et il m'avait répondu : « Il ne lui arrive que des choses fausses. » La phrase me plut tellement que je l'avais répétée à Hervé, lequel la cita dans *À l'ami qui ne m'a pas sauvé la vie* mais en l'attribuant à Daniel. Comme c'était dans une page où tout ce qu'il racontait était inexact par rapport au récit qu'il m'en avait fait quand se déroulaient les événements, je crus d'abord que c'était exprès, une manière de boucler la boucle de la phrase. Il me dit que non, me laissant un peu vexé d'être expulsé sans raison de ce qui était aussi notre relation à nous trois, Michel, lui et moi. C'était comme si les choses fausses contaminaient les choses vraies, que la littérature s'appropriait une vérité qui n'en était donc plus une, qui devenait fictive pour n'être demeurée que réelle.

Michel, un jour, s'était amusé de mon rapport au vrai. Je lui disais que Thierry mentait et, comme le mot ne lui semblait pas approprié, je pré-

cisai. Par exemple, alors qu'on voyageait tous les
deux en Australie où j'étais allé lui rendre visite
après qu'il y avait interrompu son tour du monde,
il avait prétendu avoir largement assez d'essence
jusqu'à l'étape suivante, ce qui était tout à fait faux
et nous aurait valu une panne en rase campagne,
en ras *bush*, si on n'avait trouvé par miracle une
station-service à mi-chemin. L'exemple ne convain-
quit pas Michel. Je voyais bien que mon rapport au
vrai reflétait aussi mon angoisse par rapport à ces
étendues infinies de l'Australie et la plus grande soli-
dité de Thierry. Si j'avais été moi-même en position
d'exagérer, je l'aurais fait en sens inverse, prétendant qu'on ne pouvait plus tenir que quelques kilomètres à peine, et évidemment que j'aurais nié de
bonne foi si on m'avait alors accusé de mensonge.
Mais j'ai tendance aussi à dire « J'ai menti » plutôt
que « Je me suis trompé », « Je peux te voler une
minute ce crayon? » plutôt que « Je peux t'emprunter? », parce que c'est ainsi que la langue m'amuse,
comme mon frère adolescent disait qu'il fallait
« manger les médicaments », qui est ce que tout le
monde fait mais que personne ne dit en ce terme.
Me plaît qu'on injecte un peu d'inadéquation, de
brutalité dans le langage, parce que je ne peux pas
éviter que, quelle que soit la situation, aussi douce
soit-elle, la brutalité et l'inadéquation en soient toujours la plus juste description. L'univers entier n'est
qu'un euphémisme.

Jamais je n'aurais pu dire ce que m'avait répondu Daniel et que j'admirais. Jamais personne dans ma famille, me semblait-il, n'aurait pu tordre une vérité pour en atteindre une autre. Mon père, quand un auteur d'une autre maison d'édition lui avait envoyé son livre, prenait soin ou de remercier avant de l'avoir lu ou de répondre une phrase à double sens (« J'espère que votre roman aura le succès qu'il mérite ») pour satisfaire à la fois à la politesse et à l'honnêteté. Cela m'impressionna des années durant, jusqu'à ce que je travaille dans un journal, que je reçoive à mon tour des romans d'auteurs que je connaissais plus ou moins, que l'idée d'en écrire devienne plus concrète et que je trouve discourtoise une courtoisie qui faisait des livres des produits comme les autres pour lesquels on remerciait comme pour des boîtes de chocolats. Un beau jour, je me mis à répondre à ces envois en disant la joie que j'avais prise à la lecture de ces textes, complimentant. J'en revins vite. Car, quinze jours après que j'avais décidé de cette nouvelle stratégie, je tombai dans la rue sur un de ces auteurs qui me remercia à son tour de ma lettre pour engager la conversation sur son livre qu'en vérité je n'avais pas lu. Je ne me souvenais même pas du titre et eus toutes les peines à me tirer correctement d'affaire. J'abandonnai mes velléités de politesse supérieure et retournai piteusement à l'honnêteté.

Si j'étais petit-fils de procureur, mon père en était fils et l'adolescent survivant en moi trouva un autre moyen de poursuivre sa compétition éthique. En lisant la biographie de Racine par son fils, je fus frappé par l'épisode où il se dispute avec Boileau et que les deux écrivains restent chacun accrochés à leur opinion jusqu'à ce que Boileau demande si Racine a voulu lui faire de la peine, à quoi l'auteur d'*Andromaque* répond qu'assurément pas. « Alors vous avez tort, dit Boileau, car vous m'en avez fait. » Or mon père accordait au fait d'avoir raison une importance considérable que sa réussite professionnelle ne pouvait que renforcer (il avait eu raison contre tous de publier ces auteurs rejetés ou méprisés) et qui ne prenait selon moi pas suffisamment en compte cette possibilité de tort-là. Quand Pierre Bourdieu et lui se fâchèrent – ce que quelqu'un me décrivit comme une rupture de vieux couple où les mobiles particuliers n'étaient que des prétextes à prétention rationnelle face à un plus général et moins maîtrisable, « ils ne se supportent plus » –, mon père me raconta plusieurs fois sa version. Immanquablement, figurait une phrase que lui avait dite Bourdieu exaspéré : « Bien sûr, vous avez toujours raison. » Et, comme si un champ unique lui était accessible, mon père la citait telle une balle dans le pied que se serait tirée Bourdieu. Il ne devait pas être dupe mais escomptait que je pourrais l'être. Cette obsession était également présente dans la vie familiale. Sans doute était-il convaincu par ce proverbe que je n'ai jamais rencontré, « en français dans le texte », que dans les romans de Tolstoï : « Qui s'excuse s'accuse. » Il ne s'excusait jamais mais, s'il le faisait, c'était qu'il n'y avait pas de quoi, par une sorte de grandeur d'âme ostentatoire. Ce n'était pas une question de pouvoir ou de virilité mais d'honnêteté. Puisqu'il avait raison. Et la constitution de son catalogue d'éditeur prouvait cependant qu'il savait faire de sa sensibilité l'habile complément de son intelligence.

Ce qui me plaisait tant dans le mensonge de Daniel était sa simplicité, qu'il avait raison de le faire puisque c'était la meilleure manière de dire une vérité sans faire de mal à rien ni personne qu'une autre vérité sans importance.

Vu les contraintes de la presse, le dossier était paru un peu en avance et je rappelai Daniel le jour anniversaire de la mort de Michel. Il n'avait pas l'air bien au téléphone, je lui conseillai de faire venir un médecin. Un peu inquiet, je téléphonai encore le lendemain pour prendre des nouvelles, j'insistai pour le médecin et proposai de passer un peu plus tard. Quand j'arrivai, le médecin venait de partir et il s'avéra que son passage avait été nécessaire, maintenant tout allait mieux mais ç'avait été moins une. Ce n'était pas la première fois que je retournais rue de Vaugirard depuis la mort de Michel, elles étaient cependant rares et ne me laissaient aucune trace. Lorsque je repense à l'appartement, je le revois immanquablement tel que Michel l'avait aménagé, que je l'ai habité. Sur le pilier où étaient trois photos de Daniel, il y en avait maintenant trois de Michel, disposées pareillement, pareillement joyeuses. Pour le reste, je constatai bien que l'organisation de l'espace était différente mais c'était encore la précédente qui restait inscrite en moi. La vérité contemporaine n'atteignait pas l'intensité de l'ancienne. Il faut croire que tout m'est bon pour que Michel survive. Ç'avait été chez moi et ça ne l'était plus. Pourtant, ce qui concerne Michel, souvent j'ai encore le sentiment que c'est chez moi. De son vivant, ça ne cessait de s'agrandir, chez moi. C'est évidemment lui qui nous lie Daniel et moi, nous qui n'avons jamais passé une soirée tous les deux seuls de son vivant, qui n'en avons sans doute jamais éprouvé l'envie et qui sommes maintenant heureux chaque fois que nous nous rencontrons, parce que nous savons que nous pouvons parler de Michel en connaissance de cause, parce que nous avons eu la chance de le connaître, parce que l'affection qu'il avait pour nous et nous pour lui nous maintient le plus qu'il nous est désormais accessible dans notre privilège après cette triste nuit du 4 août que nous fut sa mort.

L'amitié de Michel est une des choses dont je suis le plus fier dans ma vie. À chaque fois que je

tombe amoureux, quand je suis envahi de générosité potentielle, je souffre de ce manque : je ne
peux pas offrir une rencontre avec Michel. Plus
de quinze ans après sa mort, quand j'ai annoncé à
mon père que je venais de me pacser avec Rachid, il
m'a gentiment répondu être content pour moi mais
n'a rien ajouté, n'a pas suggéré de rencontre. Peut-
être était-ce à moi de le proposer. Mais il n'a posé
aucune question. Mon désir de cette présentation
n'était pas non plus considérable puisque je n'ai pas
insisté. Je savais que ce serait de toute façon compliqué, que la famille bridait l'ouverture d'esprit de
mon père. Rares sont ceux qui aspirent comme une
chance à rencontrer leurs beaux-parents ou leur
gendre. Rachid en était.

Après la mort d'Hervé, c'est-à-dire bien après
celle de Michel, la recherche ayant fait des progrès,
j'ai cédé à mon médecin qui voulait me faire faire
le test du sida, moi qui, jusqu'à présent, me conten-
tais d'agir de sorte à ne contaminer personne si
je l'étais et à ne pas le devenir si je ne l'étais pas.
L'angoisse inhérente à l'attente du résultat était
accrue par le fait que je ne connaissais personne
autour de moi à avoir pratiqué ce test et été négatif.
Je fus donc le premier. Quand je l'annonçai à Bernardo que ce résultat avait toute raison d'intéresser,
il me dit de le répéter à mes parents qui s'inquié-
taient sûrement. Je n'y avais pas pensé. Rien non
plus dans leur conduite ne m'avait amené à le faire.

Je téléphonai à mon père et il ne me répondit rien, un silence qui me gêna autant que ma phrase avait dû le gêner. On n'en reparla jamais. Mes parents savaient de quoi étaient morts Michel et Hervé, ils savaient mon intimité avec eux, ils pouvaient bien penser qu'elle ne passait pas par la copulation mais rien ne leur permettait d'en être sûrs. Eux à qui l'angoisse était si familière (j'ai été frappé, adolescent, par la dédicace que leur avait faite Robbe-Grillet de *La Jalousie* où il les élevait au rang de « merveilleux compagnons d'angoisse »), qui en étaient de si merveilleux conducteurs, ils ne voulaient pas en entendre parler. Parce que j'étais de la famille, ils n'avaient aucun intérêt malsain pour la situation, sans doute, dans cette proximité exagérée même au sein de la famille qu'est la filiation, juste un inintérêt sain, comme s'ils refoulaient la fatalité, englobant dans la même *terra* souhaitée le plus longtemps possible *incognita* la maladie, l'homosexualité et l'angoisse elle-même.

Mon père, qui étudia avec passion dans sa jeunesse la culture hébraïque, m'a prétendu à deux reprises durant ma jeunesse qu'il fallait interpréter la malédiction divine à l'inverse de ce qu'on a coutume de faire. Quand un homme est maudit à la troisième génération (et non pas « jusqu'à la troisième », précisa-t-il), c'est beaucoup plus sévère qu'à la septième. Car le sens, à ce qu'il me racontait, est que la descendance de cet homme s'arrêtera à la troisième ou à la septième génération, c'est en cela que consiste la malédiction. J'ai inventé dans un roman un écrivain dont la première phrase de l'œuvre capitale est : « Faire des enfants pour ne pas avoir à choisir qui aimer », et je pense en effet que c'est un mobile à l'empilement des générations. Mon père qui aimait tout maîtriser s'est flanqué dans une situation immaîtrisable en ayant des enfants. Choisir était son métier, sa fierté, son pouvoir et sa vie. Mais on ne choisit pas ses enfants. Des circonstances particulières ont fait que, selon son mode de calcul, il fut maudit à la seconde génération. Ses seuls petits-enfants étaient les enfants de mon frère qui ne voulait pas qu'il les voie. Il m'en parla une fois de plus un jour que nous déjeunions près des éditions de Minuit. Je lui disais d'autant moins presser les choses que sa hâte braquait mon frère, qu'il n'y avait plus qu'à attendre que les enfants soient grands et décident eux-mêmes de le rencontrer ou non, et il eut une expression du visage combinée à un mouvement de bras manifestant le caractère incertain pour lui d'une telle perspective. Je n'avais pas encore compris que le temps lui était un ennemi. Michel était mort du sida, Hervé était mort du sida, Hélie, bien d'autres encore, amis, amants, autour de moi – j'en avais oublié que ce n'était pas l'unique cause de mortalité même si c'était une chute du sixième étage qui avait tué Valentin. Pour moi, il dramatisait, pratique dont, à l'inverse de la professionnelle, il n'était pourtant pas coutumier dans sa vie privée.

À la mort de mon grand-père, un mois après qu'il eut fêté ses quatre-vingt-dix ans avec tous ses enfants, petits-enfants et arrière-petits-enfants, mon père m'avait dit que c'était une vie heureuse que celle qui s'achevait à cet âge sans avoir vu mourir aucun de ses descendants. Longtemps avant, à l'époque où son père était en bonne santé, où mon père devait encore se sentir peu ou prou en concurrence, il m'avait parlé d'une affaire qui avait fait beaucoup de bruit et où mon grand-père, quoique procureur, avait demandé l'acquittement pour une femme qui avait tué son mari, notable qui l'humiliait et la martyrisait. Nous, les petits-enfants, on avait l'image de notre grand-père comme un procureur inflexible, parce qu'il avait requis contre les collaborateurs et avait obtenu plus de peines de mort qu'aucun magistrat, et là il s'était singularisé par sa clémence. Mon père, pour la diminuer, m'avait dit que mon grand-père n'avait agi que par respect de la famille, comme si cette notion lui était totalement étrangère à lui, qu'il ne s'y reconnaissait pas. Michel, à l'opposé, m'avait parlé de cette histoire en mettant en avant le courage de mon grand-père en cette circonstance avec cette moue admirative (la lèvre du bas avancée), familière quoique peu fréquente, qu'il avait en rendant compte d'un acte qui l'avait impressionné.

Mon père est mort quinze ans plus jeune que son propre père, sans avoir vu mourir aucun de ses descendants, mais sans en avoir vu vivre non plus à part ses propres enfants. Au contraire de lui, ses parents aimaient multiplier les réunions où, prétendument à contrecœur, il allait toujours, comme pour les quatre-vingt-dix ans de mon grand-père où je m'étais trompé dans le métro et avais failli arriver en retard de sorte que, quand même, j'avais discerné le soulagement de mon père lorsque j'étais enfin parvenu dans l'appartement et n'avais pas gâché la fête. Il préférait que je vienne déjeuner plutôt que dîner pour ne pas avoir à calculer entre profiter de ma présence et se coucher à son heure dite, et jamais aucune réunion avec les enfants ne fut organisée chez mes parents. Eût-il agi autrement, peut-être les liens auraient été différents et mon père aurait-il connu ses petits-enfants. Il aimait la famille mais pas la vie familiale. De celle de Michel, je ne connaissais qu'un neveu rencontré une fois rue de Vaugirard. À sa mort, j'entendrais parler de son frère qui prendrait des choses en main et ferait le voyage de l'hôpital à Vendeuvre pour être celui qui informe leur mère. Le père avait été médecin, notable de province, et je voyais la famille de Michel un peu comme celle de Flaubert. Pour mon père, et j'en étais partie prenante, les choses n'avaient pas tourné comme prévu. Il lui est arrivé une chose fausse : sa famille, sa descendance.

L'homosexualité a transformé les règles.
L'intimité a changé de camp. Il n'a pas pu y avoir
solidarité familiale au sens le plus strict, de mon
ascendance à ma descendance : de ce point de vue,
le seul enfant qu'il y a eu entre mes parents et moi,
c'est demeuré moi. Alors l'affection est restée mais
l'intimité entre nous est devenue obscène, éga-
rée entre l'enfance et la sexualité, ayant perdu le
contact avec la réalité, plus fausse que les choses
survenant à Hervé. Elle s'est à la fois circonscrite
et élargie à ma famille amicale, cette famille fictive
qui est devenue la vraie, à croire que j'avais enfin
découvert, après une longue quête, mes amis bio-
logiques. Et aucune malédiction de cet ordre n'a
frappé cette intimité-là, elle se transmet à travers
les générations si bien que notre relation à Daniel et
moi, nous l'avons chacun héritée de Michel.

## 2

Je ne dérangeais jamais Michel. Bien sûr que si, mais il prenait soin que ça ne m'apparaisse pas. Jusqu'au bout, quand il allait mourir et qu'il tenait plus que tout à mettre la dernière main à ses livres, il répondait quand je téléphonais et ne différait ni n'écourtait jamais la conversation. Parfois, cela m'énervait contre mon père qui n'avait pas les mêmes scrupules. Quand je l'appelais aux éditions, presque systématiquement j'avais le sentiment de lui voler du temps et pas seulement le sien, comme si je l'interrompais au milieu de décisions impliquant l'avenir du monde, au moins littéraire. Ce perpétuel retrait masquait l'éventuelle difficulté, qu'elle ait tenu à lui ou à moi, à la crainte ou à la délicatesse, à ce que nous ayons une conversation trop intime. Après tout, l'affection tient souvent lieu d'intimité dans les relations familiales.

Quand Hervé mourait, c'était pareil. Je le laissais appeler lui, la plupart du temps, qu'il choisisse les moments, mais lorsque c'était moi, j'étais toujours bienvenu. De ce point de vue comme sur certains autres (quand je déménageai quelques mois avant sa mort, juste à temps pour qu'il puisse encore monter au cinquième sans ascenseur, il me dit après inspection sommaire qu'il était content de me savoir vivre dans un lieu aussi agréable, pensée, générosité qui m'apparut d'un autre âge, qu'il me faudrait vieillir pour savoir posséder), quoiqu'il restât un égal générationnel, Hervé acquit une maturité à tel point sans mesure avec la mienne que c'était un peu comme lorsque, dans *À la recherche du temps perdu*, après la mort de la grand-mère, la mère devient la grand-mère pour le narrateur. Il y eut pour moi en Hervé quelque chose de Michel.

Mais cela demanda du temps : à la mort de Michel, il n'était pas encore question qu'Hervé meure. « Je vais mourir » : c'est la phrase la plus banale du monde, celle que n'importe qui est en situation de prononcer à n'importe quel moment, et elle revêt immanquablement un caractère dramatique. Son imprécision temporelle sous-entend mystérieusement une immédiateté fatale. Quand le héros d'un film policier ou Jack Bauer dans *24 heures* la prononce, ça me renvoie à Hervé qui ne me l'a jamais dite. C'est une violente occurrence française du présent progressif anglais. *As he lays dying*. Dans cette vision faulknérienne d'Hervé, dans ce *Tandis qu'il agonise*, je m'identifie mystérieusement à *tandis*, celui qui ne va pas mourir et qui salue quand même, et qui, bien sûr, quand même mourra. La phrase que le duc de Guermantes dit à Swann mourant pour ne pas se gâcher la soirée, ce « Vous nous enterrerez tous » d'un goût douteux que Proust monte en épingle, elle n'est après tout qu'un synonyme de *tandis*. *Tandis que nous survivons*. La mort est le grand dérangement.

Hervé et moi nous étions fâchés un moment un an après la mort de Michel. Pourquoi ? Parce qu'il n'arrêtait pas de me déranger. J'étais en train d'écrire avec une émotion qui me faisait du bien un roman suscité par le deuil. La mort de Michel avait multiplié mes prises d'héroïne et ce livre, où j'essayais pourtant plutôt de raconter des effets de l'acide, je l'écrivais avec la poudre. J'avais inventé qu'il fallait que chaque prise soit efficace, que j'avance avec dans mon roman, et Hervé m'appelait systématiquement quand j'étais au cœur de mon travail. Sans doute le lui avais-je fait comprendre les fois précédentes et, un jour, il le ressentit plus sèchement et m'envoya au diable. Ne me rendant pas compte de l'agacement quasi permanent que provoquait en moi l'héroïne, j'étais étonné qu'un si simple fait provoque telle réaction mais je ne m'en faisais pas, assuré de notre affection. Je le rappellerais au moment opportun, quand mon roman ne s'interposerait plus entre nous (quand il fut

achevé, ce fut le livre de moi que préféra Hervé).
Autre chose m'interdisait de croire à une brouille
durable et je savais qu'il en était de même pour lui :
notre relation à tous les deux avait été initiée par
Michel, jamais nous n'aurions osé nous disputer
pour de bon s'il était encore vivant et il était hors
de question de profiter de sa mort pour être fâchés
– ç'aurait été honteux à tous points de vue. On se
réconcilia vite après s'être rencontrés par hasard
dans la rue, même si l'instrument en fut un dîner
où nous étions arrivés tous les deux en avance et
nous étions placés à des coins du restaurant d'où
on ne pouvait pas se voir, si bien que chacun crut
que l'autre était absent jusqu'à ce que je me lève
pour aller aux toilettes et remarque enfin Hervé qui
pensait que j'étais en retard pour me venger, moi
qui, comme mon père et mon grand-père, longue
tradition familiale, ne le suis jamais.

Quelques années plus tard, nous passâmes deux
ans ensemble à Rome à la villa Médicis. C'était une
idée d'Hervé qui avait remporté un séjour de deux
ans la première fois qu'il se présenta au concours,
tandis que j'échouai pour ma part et ne l'obtins
pour la même durée que l'année suivante (il fit une
troisième année en m'accompagnant quand il ne fut
plus pensionnaire). J'arrivai à Rome avec la totalité
des livres de Thomas Bernhard alors traduits : je
n'avais découvert que quelques mois auparavant
l'écrivain autrichien, j'étais fasciné et, imaginant

d'écrire un texte sur lui, voulais tout avoir sous la main. Mon enthousiasme était ce qui manquait à Hervé pour s'y mettre à son tour et il commença par m'emprunter un livre, puis me le rendit pour en prendre un autre, et ainsi de suite, jusqu'à ce qu'à son tour il ait presque tout lu de Thomas Bernhard à qui il faisait en riant des critiques que son avidité à le dévorer démentait. Quelques mois passèrent et Hervé m'annonça qu'il souhaitait me faire lire un manuscrit. Ces lectures étaient un élément fort de notre relation. Il était toujours intéressé par mes éventuelles remarques sur son travail mais il y avait là une inquiétude supplémentaire. Je lus à toute vitesse le roman qui ne s'appelait pas encore *À l'ami qui ne m'a pas sauvé la vie* mais auquel Hervé donnait le titre provisoire de *Pends-toi Bill!*, une des dernières phrases du livre, pour en surjouer le caractère agressif et lui retirer ironiquement de la solennité.

J'adorai le texte et cela lui fit plaisir. Mais son inquiétude eût été moindre si elle n'avait été que littéraire : il redoutait que je trouve quelque chose à redire – j'étais assez expert dans ce rôle – d'un point de vue plus ou moins moral, quant à l'emploi de Michel comme personnage. Or Michel était précisément un des éléments du livre qui me bouleversait, que je trouvais exceptionnellement réussi – c'était vraiment lui. Hervé me demanda si je n'avais rien remarqué d'autre. Comme je ne

jurais que par Thomas Bernhard, il craignait que
je trouve ridicule l'appropriation de son style qu'il
avait faite : là aussi, je prétendais à l'expertise sans
avoir pour autant identifié le virus TB qu'il y avait
dans les pages. Nous passâmes une soirée particulièrement gaie.

Hervé avait toujours attendu aussi de la littérature un succès commercial et le temps d'un best-
seller anthume lui était compté, ce texte en était
à coup sûr la meilleure occasion. Il voulait jouer
sa chance au maximum. Il s'était engueulé avec
mon père et avait quitté les éditions de Minuit sans
qu'aucun ne tente de me rendre partie prenante de
cette dispute. Là, il me demanda de soumettre le
manuscrit à mon père, puisqu'ils ne se parlaient
plus, ce que j'acceptai sans réticence, heureux
d'être l'instrument par lequel un tel texte arriverait
à Minuit.

Quand je revis mon père après qu'il eut lu ce
qui était désormais *À l'ami qui ne m'a pas sauvé la
vie*, il commença, sans émotion particulière, par
me faire des remarques sur l'état du manuscrit,
les fautes d'orthographe aussi grossières que nombreuses. Cela m'agaça puisque j'avais lu les mêmes
pages sans en être frappé, entraîné par la passion
de ma lecture, et, surtout, tant ça me semblait un
détail presque de mauvais goût par rapport à la
force du livre. Je commençai par me manifester un
peu sèchement, ce que mon père prit sans doute

comme une réaction compréhensible à l'annonce de ce qui allait être un refus, jusqu'à m'exprimer plus clairement et dire mon étonnement que les accents circonflexes (car l'imparfait du subjonctif était une mine à fautes dans le manuscrit) aient acquis une importance tellement plus considérable que la mort d'Hervé. « La mort d'Hervé ? » dit mon père. Il était surpris, presque décontenancé. C'est la seule fois de sa vie, je jurerais, où il a proposé spontanément une nouvelle lecture.

En fait, comme le narrateur dit dans la première phrase du texte avoir cru être atteint du sida pendant trois mois, mon père n'était pas allé biographiquement plus loin. Il n'avait pas imaginé qu'Hervé était malade. Cela me sembla fou, et de mauvais augure car une seconde lecture ne pourrait pas faire resurgir tout ce que n'avait pas apporté la première. À la fois, j'étais fasciné. N'importe qui, lisant ce livre, aurait l'émotion de la mort prochaine de l'auteur, n'importe quel lecteur de dixième ordre serait quand même assez compétent pour percevoir ça. Et ça avait échappé à mon père, et justement parce que lui était un lecteur d'exception. Il était tellement du côté de la littérature qu'il n'avait pas besoin de liens factuels avec la réalité, de quoi que ce soit d'explicitement biographique pour l'apprécier, que non seulement il pouvait en faire abstraction mais, même, avait du mal à faire autrement. Cela me disait aussi quelque chose de nos rapports à lui et moi. Et n'aurais-je pas également été happé par une telle lecture si je n'avais été si proche d'Hervé?

Dès le lendemain, la seconde lecture effectuée, mon père réitérait son refus. L'éditeur espagnol qui a traduit mes premiers romans m'a raconté qu'il avait au mur de son bureau un dessin de Saul Steinberg où on voit un éditeur parler à un auteur et, comme souvent chez Steinberg, les phrases prononcées forment elles-mêmes des mots. En l'occurrence, toutes les explications, tous les compliments de l'éditeur écrivent aussi : « NO ». Je ne savais jamais si les motivations financières ou théoriques que donnait mon père dans cette situation avaient la moindre valeur, s'il en profitait pour parler d'un problème qui lui tenait à cœur, assuré d'un auditoire captif, ou agissait ainsi pour sauvegarder l'amour-propre de son interlocuteur à qui il aurait été pire de dire seulement que, s'il ne voulait pas de son texte, c'était parce qu'il ne l'aimait pas. Pour *À l'ami qui ne m'a pas sauvé la* vie, il mit en avant des mobiles moraux, la mémoire de Michel Foucault. Cela me heurta pour deux raisons. D'une part, je ne voyais pas en quoi elle était le moins du monde attaquée par le texte d'Hervé qui au contraire, à mes yeux, accomplissait cet exploit de ressusciter Michel tel qu'il était, et il était tel que c'était le plus grand hommage qu'on pouvait lui rendre. D'autre part, je trouvais d'une incongruité choquante que qui que ce soit, Daniel excepté, éventuellement, se présente comme le garant de la mémoire de Michel contre Hervé. J'interprétais toute critique effectuée de ce point de vue comme une usurpation. Mais je pris acte et rendis compte à Hervé qui s'arrangea autrement et pour le mieux.

Le refus de mon père n'avait pas été total. Il me dit ne pas pouvoir assurer le livre du succès, décidé à ne pas l'obtenir par des moyens en quelque sorte extralittéraires, ajoutant que, bien sûr, si aucun autre éditeur n'acceptait le livre, il le publierait. Cette phrase lui était familière parce qu'une des choses qui l'excitaient dans son métier était le rapport de forces et l'auteur qui s'avisait d'y céder se retrouvait pieds et poings liés (de sorte que ça ne se produisait jamais, mon père accumulant alors les conditions pour ne plus livrer un combat qui, déjà gagné, ne l'amusait plus). En l'occurrence, cette éventualité était invraisemblable : bien sûr qu'Hervé n'aurait aucun mal à trouver un éditeur pour *À l'ami qui ne m'a pas sauvé la vie*. Ça me mécontenta que mon père présente comme une générosité ce que j'estimais un abus de pouvoir. Mais c'était une de ses forces d'être à ce point accroché à sa fonction, de ne jamais s'en éloigner de bon cœur, si bien que mes coups de fil pouvaient le perturber et qu'aucune discussion de convenance n'était possible si on parlait littérature, on touchait là à un absolu moral. Je me souviens de sa stupéfaction lorsqu'il m'a raconté que, lors d'une de ses visites régulières à Beckett, il avait proposé de le débarrasser de tous les manuscrits que celui-ci recevait et qui devaient encombrer son espace si nu. « "Pas la peine, je les jette au vide-ordures", me répondit Sam », dit-il, et mon père qui le vénérait n'en revenait toujours pas. Somme toute, lui manquait une manière radicale de ne pas être dérangé – il en avait toujours la crainte et elle était un dérangement.

Quelques mois après la mort de Michel, je fis pour *Libération* un entretien avec Simone Signoret qui venait de publier un récit. J'avais lu ce livre parce que Michel avait été proche d'elle. Il en parlait souvent avec affection, il la voyait énormément du temps que Thierry vivait avec lui mais, moi, je ne l'avais jamais rencontrée et en avais maintenant envie, par une sorte de transitivité des relations, par amitié interposée, peut-être était-ce pour ça que son livre m'avait plu. Simone Signoret allait mourir dans l'année, en outre elle était presque aveugle, en lunettes noires, et je la guidais ému pour la raccompagner du café à chez elle à la fin de l'entretien. Pendant que nous traversions lentement la place, un jeune homme sympathique vint vers elle, un bloc-notes et un stylo tout prêts. Il lui demanda le plus poliment du monde avec un fort accent étranger et une lente élocution : « S'il vous plaît, Madame, est-ce que ça vous arrange de me signer

un autographe ? » Il lui déposa délicatement le bloc-
notes dans une main et le stylo dans l'autre pendant qu'elle répondait en souriant : « Ça m'arrange
tout à fait. » Et son amitié avec Michel m'apparut
comme une évidence, et j'aime penser qu'en définitive le succès d'*À l'ami qui ne m'a pas sauvé la vie*
chez Gallimard arrangea tout à fait mon père.

# 3

Dans *Monsieur Proust* où elle raconte ses aventures de petite gouvernante auprès du grand écrivain, Céleste Albaret dit que l'auteur de la *Recherche* l'aida bien longtemps après sa mort. Les employeurs éventuels, quand ils saisissaient à qui ils avaient affaire, se précipitaient sur elle. Et, dès ma première lecture de ce texte, quand j'ignorais que je rencontrerais un jour Michel, j'ai très bien compris ça. Moi aussi, j'aurais eu pour elle une bienveillance particulière, comme si ç'avait été pour Proust que j'aurais fait quelque chose en le faisant pour elle et parce que j'ai, pour les écrivains dont j'aime les textes, une reconnaissance personnelle qu'il serait merveilleux de pouvoir exprimer.

De son vivant, j'avais toujours gardé discrète ma relation avec Michel, ne la divulguant qu'à mes intimes. C'était presque une perversion : ma meilleure vengeance, quand quelqu'un m'en disait du mal, était de le laisser parler dans l'espoir qu'un

jour, en mon absence, sans possibilité de se rattra-
per, il apprendrait avoir choisi un mauvais récipiendaire à sa bassesse. À sa mort, un instant durant,
j'aurais voulu que le monde entier connaisse ma
proximité avec lui. La mort m'était peu familière,
alors. L'avoir connu était tout ce qui me restait de
Michel. J'étais une Céleste anonyme auprès de qui,
comme d'habitude, nul n'aurait spécialement envie
de se manifester. À la fois, je n'avais aucune ambition de faire carrière dans le personnel de maison,
elle et moi n'avions pas hérité du même destin,
mais, dans mon éducation sentimentale désempa-
rée, mon intimité avec Michel était soudain ce que
j'avais eu de meilleur. Toute aide m'aurait été bonne.
Et, peu à peu, l'aide fut de l'avoir connu, sans que
j'aie besoin d'en informer la population indifférente.
M'aide que d'autres le connaissent, fussent-ils nés
après sa mort, ceux qui n'ont d'autre intimité avec
lui que leur heureuse lecture – et ceux-ci, c'est moi
qui ai pour eux la bienveillance que recevait Céleste.
D'une façon disproportionnée, ils ne le savent pas
mais ils sont des frères imaginaires.

Un an après la mort de Michel, Hervé me
demanda un texte sur l'amitié pour *L'Autre Journal*, hebdomadaire auquel il collaborait désormais.
J'écrivis quelques lignes bourrées de références à
Michel et la rue de Vaugirard, à Hervé et son travail,
entremêlant nos relations (n'était-ce pas tous mes

liens que cette mort avait transformés ?) et je suis
aujourd'hui reconnaissant à Michel de leur désinvolture apparente : « Il m'avait laissé ses clés pour
que je m'occupe de son bananier en son absence (il
en flambait les fruits et les offrait comme dessert
à chaque dîner qu'il organisait chez lui). J'ai pris
les clés mais j'ai oublié d'arroser l'arbre, maladroitement j'ai seulement brûlé sa gravure de Jeanne
d'Arc (mais n'était-ce pas son destin ?) et changé
le classement de sa bibliothèque en replaçant
n'importe où les livres que je feuilletais. Je savais
à quel point il tenait à sa gravure et à son bananier, qui était mort, et j'attendais son retour avec
remords et crainte. Il est revenu joyeux, son voyage
s'était merveilleusement passé (il avait traversé
l'Afrique, failli épouser une charmante Kényane
et nagé à côté d'un crocodile dans le fleuve Gam-
bie), et, devant le désastre, m'a juste dit : "Il faut
prendre les choses avec philosophie." La philosophie est aussi une pratique très amicale. »

J'avais oublié l'existence de ce texte. C'est Bernardo qui m'en parle quand je lui parle du livre
que je veux faire. Il l'avait lu avant de me connaître
et trouve que son ton, qu'il a gardé en mémoire
toutes ces années, est peut-être celui que je dois
adopter. Mais, à l'époque, je viens de finir un
roman sur un tout autre ton que j'ai entrepris pour
sortir du marasme dépressif où m'a laissé la mort
de Michel. Ce drame n'en est pas le sujet explicite

et cependant il est ce que j'ai en tête tout au long
de l'écriture, c'est ma façon de l'acclimater, de me
réapproprier la douceur. À ma manière, j'évoque
Michel, le dernier acide, mais surtout Gérard, surtout les années Vaugirard déjà identifiées comme
entité et qui sont déjà une coupure, une période
close dans ma vie. Elles ne se limitent pas à lui mais
il les personnifiait. Mes liens avec Hervé et Gérard
sont contemporains mais ils n'auraient pas été les
mêmes si Michel ne m'avait rien enseigné. Il a per-
fectionné mes affections.

Hervé et moi avons l'habitude de faire de l'autre
notre premier lecteur, à chaque manuscrit achevé.
Par coïncidence et pour la première fois, nous nous
retrouvons un soir à dîner à échanger nos livres,
chacun ayant terminé en même temps. Une sempiternelle blague veut qu'on feigne de redouter de
perdre le manuscrit de l'autre, de se le faire voler,
de le laisser tomber dans la Seine. Jean Echenoz
raconte dans son *Jérôme Lindon* que, un jour qu'il
éprouvait une crainte de cet ordre, mon père rigole :
« On vous a souvent volé des manuscrits, dans le
métro ? » (La façon dont, à cause d'un fou rire dans
le métro, il a lui-même failli disperser le manuscrit
de *Molloy*, c'est-à-dire le premier texte de Samuel
Beckett qu'il ait eu entre les mains, était cependant
un de ses récits préférés.) Quelques années plus tôt,
Michel m'ayant donné un livre dont il avait écrit la
préface, je l'ai oublié rue de Vaugirard, m'offrant, à

sa grande joie, à ses moqueries quant à l'inintérêt profond que j'aurais porté à son travail et dont il feignait d'avoir bien peur qu'il ne soit justifié. Mais Hervé ne perd pas mon manuscrit ni moi le sien. Je le dévore. Le lendemain, on a chacun lu avec enthousiasme le livre de l'autre, pour chacun c'est celui qu'on préfère.

Le texte d'Hervé est *Mes parents*, d'une violence insensée et réjouissante sur un thème si universel qu'il passionne même les orphelins de naissance et les accouchés sous x. Et même moi, donc. Ma lecture est d'une cruauté à l'égard des personnages qui en multiplie le charme. Je soupçonne bien que les protagonistes ont à voir avec les parents d'Hervé mais, comme mon père, mon rapport à la littérature passe par la fiction avec tellement de confiance que je n'ai aucun mal non plus à ne les voir que comme des êtres d'encre et de papier, inexistants dans le monde réel et donc inaccessibles à une compassion qui ne peut être également que fictive. Quand Hervé voudra mettre sur la bande entourant le livre publié les mots « Tendre est la haine », je me récrie comme d'une trahison du texte, rattrapant sa violence par la psychologie et le grand style. « Et toc ! » lui suggérerai-je plutôt d'imprimer honnêtement sur la bande. Je suis d'autant plus à l'aise pour défendre ce règlement de comptes que, de mon côté, je ne l'ai jamais fait si explicitement. Et que, lorsque Hervé travaillait avec Patrice Ché-

reau sur le scénario de *L'Homme blessé*, il m'en avait
fait lire une version, comme si ma compétence était
égale pour la littérature et le cinéma, et c'était tellement peu le cas que je n'avais pas su quoi dire,
sinon : « Je retirerais la famille », conseil aussi avisé
que l'aurait été celui de couper ce qui concerne le
débarquement dans *Le Jour le plus long*.

La famille de *L'Homme blessé* ressemble à celle
de *Mes parents*. Les parents d'Hervé, pour moi,
n'étaient que ses créatures – ce qu'il en écrivait ou
en racontait drôlement durant nos soirées. Je ne fus
en contact, et encore, avec eux qu'une seule fois de
son vivant. Il allait mourir très bientôt et avait la
phobie que quoi que ce soit de son argent, maintenant que le succès lui en avait donné, revienne
à ses parents. Il s'était marié avec un contrat particulier dans l'espoir de mieux les spolier et n'était
toutefois pas entièrement rassuré. Il voulait, au cas
où, si ses parents contestaient le testament, qu'un
de ses amis, fort d'une lettre, puisse aller au tribunal après sa mort exprimer clairement sa volonté
nette : tout pour Christine l'épousée et les enfants
qu'elle avait eus avec l'amoureux d'Hervé, nada
pour papa et maman. Il me demanda de l'aider à
rédiger la lettre en en écrivant un brouillon. Ce que
je fis avec entrain, comme un exercice d'une rafraî-
chissante sournoiserie, imaginant ce qui serait le
plus convaincant, ce qui serait le plus utile dans un

éventuel procès, m'en donnant à cœur joie, moi si
précautionneux avec les miens, puisque les parents
d'Hervé, eux, n'étaient pas de chair et d'os mais sa
création avec laquelle je montrais ainsi ma solidarité, à l'image des supporters d'une équipe qui, en
guise d'encouragements, huent et insultent l'équipe
adverse. Ma lettre ravit Hervé qui, à ma stupéfaction gênée, la recopia illico telle quelle, lui donnant une véracité mensongère, et me la laissa pour
usage éventuel. Je ne vis ses parents qu'une fois, à
Clamart, à la levée du corps puisque l'enterrement
auquel, comme pour Michel, je ne me rendrais pas,
devait avoir lieu sur l'île d'Elbe et le père faire le
trajet avec le fourgon des pompes funèbres. Je ne
regardai pas le cadavre, leçon retenue de la mort de
Michel. Pour leur part, devant le cercueil de leur
fils de trente-six ans, les parents d'Hervé étaient
réels. Ils étaient le père et la mère pour de vrai.

Un autre parent était là. Comme, à part moi,
tous les proches d'Hervé attendaient en Italie pour
l'enterrement proprement dit, j'étais chargé de faire
respecter ses volontés funéraires dans le cas où son
père ou sa mère ferait quoi que ce soit contre. La
perspective de devoir user de ce pouvoir me terro-
risait. Il n'y eut pas lieu : ils ne firent pas plus d'histoires que pour le testament. Mais comme je me
tenais là, une femme vint vers moi en me présentant ses condoléances comme à « l'ami d'Hervé » et
en ajoutant, pour excuser sa présence qu'elle crai-

gnait dérangeante, que son fils venait de mourir du sida et qu'elle avait juste le sentiment qu'il lui fallait être ici. J'étais tétanisé. Je pus seulement la regarder un instant, j'espère gentiment, incapable de répondre un mot, de l'aider le moins du monde. Mon inaction obligée à ce moment est ce que je regrette le plus dans cette matinée sinistre de tout début janvier. J'avais pour cette inconnue absolue la pitié dont Hervé m'avait si bien préservé envers ses propres parents.

Les miens ? Ce n'était pas le jour pour y penser. J'allai déjeuner chez eux le samedi suivant et, comme je parlai de la cérémonie, évoquant l'ermitage de l'île d'Elbe où Hervé souhaitait être enterré, supposant à juste titre que la mort avait éteint toute possibilité d'animosité de mon père envers lui, il répondit à cette phrase qui ne réclamait pas de réponse qu'il trouvait émouvant qu'on choisisse ainsi le lieu où reposerait son cadavre. Quand lui-même fut mort et qu'il fallut s'occuper d'où l'enterrer, j'appris qu'il avait trouvé une concession susceptible de tous nous accueillir à cette époque exactement où Hervé était mort, au cimetière du Montparnasse, à vingt pas de la tombe de Beckett. Quand l'affaire avait été faite, il avait dit : « Comme ça, on ne sera pas loin de Sam. » Et ça m'émut d'autant plus qu'il y aurait eu une incongruité, de mon côté, à aller me faire enterrer dans le cimetière provincial de la région natale de Michel, de quel droit ? à quel titre ? que je n'en avais même pas le souhait.

Le lendemain du jour où Hervé ne sait pas encore qu'il est malade et où nous échangeons nos manuscrits, il m'appelle pour me dire combien il aime le mien et cette approbation compte particulièrement, vu qu'il y a perçu tout ce qui s'y rattache à Michel. Le texte que je lui donnerai ensuite pour *L'Autre Journal*, peut-être après tout aurait-il préféré qu'il soit sur ce même ton. Je ne propose pas mon manuscrit à mon père avec qui les relations même littéraires se sont pourtant apaisées, me contentant de lui envoyer le livre publié. Il me téléphone, lecture immédiate faite, pour me remercier et me féliciter, ajoutant avec satisfaction : « On voit que tu es quelqu'un de bien. » J'accepte volontiers le compliment, amusé que, indépendamment de son exactitude, il ait fallu un roman pour que mon père arrive à cette constatation – c'est bien lui, c'est bien moi.

Quelques semaines après la sortie du livre, je reçois une lettre magnifique d'un jeune Brésilien que je rencontre et qui est Bernardo avec qui je passerai des années. Quand l'intimité est faite entre nous, un jour, pour exprimer qui je suis, je lui parle de la rue de Vaugirard. Par coïncidence, il connaît l'appartement – plus précisément : le studio. Daniel le prête à un universitaire brésilien, lequel est un ami de Bernardo qui lui a déjà rendu visite. J'évoque Michel lui-même. Comme preuve de confiance maximale, je m'apprête à lui raconter le dernier acide. Il m'arrête, il connaît aussi le récit. Celui-ci est pourtant partagé entre si peu de personnes que je n'en reviens pas. Il se trouve qu'une amie proche de Bernardo vit une aventure avec monsieur Marc d'où elle a tiré des informations qu'elle lui a retransmises. Bernardo savait tout de l'histoire, si ce n'est que j'en étais partie prenante. À partir de Michel je commence à écrire, et le livre publié m'y ramène autrement. Son intimité circule dans un petit cercle : deux ans après sa mort, il est encore là, concrètement, en plein dans l'actualité de ma vie.

Rue de Vaugirard, j'ai été le garçon de la maison, comme Caroline, selon le récit de Willa Cather, en a été la fille à Croisset chez son oncle écrivant *Madame Bovary*, et Céleste Albaret la femme dans l'appartement et la chambre calfeutrée de liège du mourant qui n'en finissait pas de ne pas finir *À la recherche du temps perdu*. À la fois, ça n'a aucun rapport. Je n'ai pas partagé la vie quotidienne, je n'ai guère de correspondance à publier et, contrairement à Céleste, n'apparais pas dans l'œuvre. La dédicace que par ma faute Michel ne m'a pas faite sur ses derniers livres, sûrement voulait-il l'écrire pour m'aider et je lui fais confiance qu'elle aurait été efficace. Hervé, pour me manifester combien il aimait mon roman dont la mort de Michel était le point de départ, m'a prétendu que tout ami devrait l'offrir à son ami, que tout ami devrait prendre sur soi de le dédier à tout ami. Je suis embarrassé du sexe, parfois, ne distingue pas bien l'amour et l'amitié. Je suis persuadé que tout ce qui en moi rend hommage à l'amitié rend hommage à Michel : n'est-ce pas de l'amour ? Je ne peux pas rencontrer quelqu'un sans penser à lui, non pas pour m'imaginer comment il aurait estimé ce nouvel ami mais persuadé que cette rencontre n'aurait pas été possible sans lui, ne se serait jamais passée aussi bien. Je ne sous-estime pas l'apport de mes parents dans les qualités que je peux avoir : mais le poids d'une relation père (ou mère)-fils est évidemment une entrave, comme si, par une sorte de structuralisme psychologique, les individus étaient écrasés par elle.

Juste après la mort de Michel, je n'ai d'abord vu que la douleur mais, peu à peu, je me suis senti comme Jean Valjean après Mgr Myriel, empli d'une responsabilité de bonté (comment je m'en suis dépêtré est une autre affaire). Plus tard, telle une évidence, il m'est apparu comme l'ami qui m'a sauvé la vie. J'avais été le garçon de l'appartement, celui qui, comme dans un vaudeville, arrive quand l'autre part et part quand l'autre revient. Mais quand l'autre est parti pour de bon, que le vaudeville a mal tourné, plus moyen de jamais revenir. Nos sorts étaient liés. Et lorsqu'ils ont été déliés, ils étaient liés encore. J'aurais voulu persister à squatter au moins un espace imaginaire, une rue de Vaugirard qui était désormais un monde aussi englouti que l'Atlantide. C'était mon seul espoir et l'héroïne l'a entretenu. J'étais le jeune homme de l'appartement mais il n'y avait plus l'appartement ni la jeunesse. Et pourtant l'appartement et la jeunesse allaient encore être là pour m'aider, ma vie durant, tels des prolongements de Michel qui ne m'abandonne pas.

## 4

Pour des raisons familiales, la mort de mon père ne fut annoncée qu'après l'enterrement. Nous étions très peu nombreux au cimetière et on déjeuna avec ma mère qui souhaitait ensuite rester seule. Rachid n'était pas en France et j'avais refusé qu'il rentre pour ça, lui qui en outre n'avait jamais rencontré mon père. Au contraire de ma mère, je n'avais pas envie de solitude et j'allai l'après-midi au journal où, de toute manière, j'aurais une chronique à rendre le lendemain. Je n'avais rien à y faire sur le moment mais cette compagnie, cette activité environnante me convenaient. Pour m'occuper l'esprit, je demandai à mon voisin qui m'avait délicatement accueilli et rédigerait la colonne d'éditorial quel était l'événement du jour, c'est-à-dire les pages, une comprise, qui ouvrent *Libération*. « Ton père », me répondit-il. Cinq minutes après, un autre collègue entra dans le bureau et me posa la question. « Mon père », répondis-je, un peu gêné

qu'il se soit adressé à moi. « Pourquoi ? » demanda-
t-il. « Parce qu'il est mort », dis-je. « Mes condoléances », répondit-il. « Mais alors, qu'est-ce que tu
fais ici ? » Et, au lieu de l'envoyer faire foutre, je me
justifiai miteusement.

En lisant le lendemain le journal qui avait tout
pour m'émouvoir, je fus frappé que, après Michel
et Hervé, c'était la troisième fois dans ma vie que
mourait un être que j'aimais et que, les trois fois,
ça avait été annoncé à la une de *Libération*. De
même qu'il y avait eu une magnifique photo pleine
page de Michel penché dans le noir sur sa table de
travail seule éclairée à l'occasion de sa mort, il y en
avait une de mon père debout dans la rue devant
la porte des éditions de Minuit, élégant et solide,
souriant, tel qu'en lui-même. Je ne savais pas quoi
en tirer mais je le constatai, c'était une singularité : chaque deuil qui me frappait était une sorte
de deuil public dont il fallait informer des inconnus. Ça m'importait puisque je le remarquais. Je
dévorai les pages sur mon père comme je n'avais
pas pu faire dix-sept ans plus tôt, incapable de
voir si brusquement officialisé l'événement, pour
celles encore beaucoup plus nombreuses sur Michel.
Ainsi que pour Michel, je sauvegardai ces journaux
comme des livres si ce n'est que l'éphémère est la
nature de la presse, elle ne prête pas à réédition, et
que les conserver relève d'une dévotion et d'une
nécessité beaucoup plus grandes que pour des

livres. Je les rangeai, cachés dans un placard, pour
n'avoir pas à tomber dessus par hasard puisque
je savais bien que viendraient des instants où m'y
replonger pourrait être bon mais qu'il y en aurait
plein d'autres où je me préserverais de ces photos et de ces deuils. La consolation serait un mot
trop fort mais, sur le moment, quelque chose dans
cette lecture tenait à un apaisement, une satisfaction. Ces pages, synonymes de l'importance d'un
fait qui pour moi était personnel, prouvaient ma
chance. Les êtres qui méritaient qu'on leur rende
hommage, je les avais connus mieux que ceux qui
leur rendaient hommage et ça faisait des années
que, de toute mon affection et de leur vivant, je
leur rendais hommage à ma façon, sans attendre
une occasion sinistre.

Les premières phrases de *Gatsby le magnifique*
me sont restées en mémoire : « Quand j'étais plus
jeune, ce qui veut dire plus vulnérable, mon père
me donna un conseil que je ne cesse de retourner
dans mon esprit :

"Quand tu auras envie de critiquer quelqu'un,
songe que tout le monde n'a pas joui des mêmes
avantages que toi." » Mon père ne m'a jamais asséné
ces mots, j'ignore s'ils correspondaient à sa conviction car il faut être un parent sacrément assuré
pour les prononcer, mais la phrase de Fitzgerald
corroborait un implicite de mon éducation telle
que je l'avais digérée. Tous ces êtres qui avaient

appris ces morts comme une nouvelle, triste sans doute mais qui n'endeuillerait même pas la totalité de leur journée, qui les laisserait profiter de leurs amis, leurs amours, leurs enfants comme si de rien n'était, j'avais la chance de ne pas leur ressembler. J'avais sur eux cet avantage immense et éternel d'être dévasté par l'information et ses conséquences. Ma détresse même devait me rasséréner. Moi, je savais ce que je perdais et je le perdais parce que je l'avais eu.

Le véritable choc, en vérité, fut la mort de Michel. À force de vieillir, la mort entre dans l'ordre des choses mais je n'avais pas alors suffisamment vieilli. Et le temps passé depuis m'agite autant qu'il m'apaise car, si Michel me manque, j'estime qu'il manque à des millions de gens, qu'ils le sachent ou non, que sa voix et son intelligence auraient été efficaces contre mille dégradations du monde. Sa mort m'avait pris de court parce que le sida n'était pas alors familier, que l'hécatombe débutait juste et que l'état des malades empirait si rapidement qu'on ne pouvait pas s'y préparer. Hervé est mort beaucoup plus jeune mais après une agonie beaucoup plus longue, après avoir pu apprivoiser quelque chose de la maladie et de ses effets. Mon père aussi, j'y étais fait depuis quelques semaines, ce qui ne diminuait pas la détresse mais quand même sa brutalité. Et je rece-

vais des condoléances à la pelle, et même le journal m'en présentait, imprimées, à la fin de l'article
principal, en tant que fils du disparu et collègue
du rédacteur, salarié de l'entreprise. C'était gentil
mais ça ne me touchait pas. À leurs yeux, j'y avais
droit, c'était tout.

Ainsi que Daniel me l'avait demandé, je n'avais
pas averti le journal quand j'avais appris la mort de
Michel, ce que me reprocha mon chef de service
quand lui-même en eut connaissance. Bienfait de
la respectabilité familiale : celle de mon père, je
l'avais annoncée avec retard mais on me remercia de mon coup de fil alors que l'Agence France
Presse avait déjà donné l'information et que la
nécrologie était sûrement écrite quand j'appelai.
Pour Michel, tout avait été fait en hâte, dans cette
animation du journal que j'adore, quand un événement inattendu arrive à une heure tardive pour le
bouclage et qu'il faut que tout le monde s'y mette
dans des délais misérables, et alors qu'on est tout
émus et tout excités et que l'excitation et l'émotion
sont des aides – je n'y étais bien sûr pas ce jour-là,
mais j'ai souvent été par la suite un des journalistes pris dans cette urgence professionnelle qui
donne sa saveur aux quotidiens et qu'en vérité je
ne connaissais pas le jour de la mort de Michel
puisque je venais d'arriver à *Libération*. Un jour,
j'assistai à l'enterrement d'un collègue, un garçon
que j'aimais bien mais bon, ce n'est pas moi qui

étais au fond du trou. J'ai toujours trouvé magnifique le Père-Lachaise, il faisait beau, régnait le calme propre à ce genre de lieu et de cérémonie, et à l'instant même où je me dis que somme toute c'était un après-midi agréable, je me dis également que je n'aurais jamais dû le penser et que le prochain enterrement auquel j'assisterais serait moins champêtre. De fait, ce fut à peine quelques mois plus tard celui de mon père.

De même, mais chronologiquement à l'inverse, à chaque grand événement surgissant dans le domaine culturel depuis que je travaille à *Libération*, je suis renvoyé à l'animation qu'a dû provoquer la mort de Michel. À chaque fois, j'oublie exprès que cette excitation est pour d'autres un accablement et que j'ai fait partie des autres plus souvent qu'à mon tour. C'est toujours étrange de revenir le lendemain au journal pour retrouver, selon le vocable nécrologique en usage dans la presse, un jour ceux qui avaient enterré Michel, un autre ceux qui avaient enterré Hervé, un autre ceux qui avaient enterré mon père, de reprendre avec eux mes rapports habituels, tous ceux-là qui à leur manière avaient été les spécialistes des êtres que j'avais aimés et que je ne cesse pas de chérir. Le lendemain, le surlendemain pour les plus sensibles, mes collègues passaient à autre chose, éventuellement un autre mort, tels des intellectuels des pompes funèbres qui abattraient le boulot avec le

talent et le tact nécessaires, avec l'émotion qui fait
le sel de la journée mais s'éteint avec elle, ainsi que,
moi aussi, je l'ai pratiqué cent fois.

Je suis entré à *Libération* moins de trois mois
avant la mort de Michel qui, pour apaiser mes
inquiétudes à la perspective d'un changement,
s'était passionné pour mon transfert. Il avait aidé à
la naissance du journal et gardait avec un rapport
particulier. Quand on habitait rue de Vaugirard,
selon le même principe qui avait présidé à la déplorable dévoration des biscuits de régime de Daniel et
selon lequel il fallait profiter du quotidien au quotidien, on ouvrait les numéros que Michel recevait
en tant qu'abonné et même, une fois lus, souvent
on les jetait, jusqu'à ce qu'il me dise qu'il prenait
soin de tous les conserver. Mon père, pour sa part,
était à l'époque fanatique du *Monde* et, malgré le
fait que j'y travaillais, n'avait aucun scrupule à dire,
quand par extraordinaire il y avait des invités en
plus de moi à la maison, qu'il avait le sentiment de
lire dans *Libération* ce qu'il avait lu la veille dans
*Le Monde*. Ça m'agaçait alors que c'était sans doute
une marque de respect, signe que son instinct de
domination trouvait à s'exercer en une escarmou-
che qui valait peu ou prou la chandelle. Mais c'était
comme si, alors qu'ils avaient le même âge à un an
près, il y avait une rupture générationnelle entre
Michel et lui, que Michel était de plain-pied avec
les jeunes hommes tels qu'Hervé et moi et pas mon

père. Il l'était pourtant pour la littérature de même que, à en croire Gérard, Michel ne l'était pas pour manger. Quand mon père eut lu le manuscrit de *La Salle de bains* et sympathisé avec Jean-Philippe Toussaint qui a deux ans de moins que moi, il utilisait ces deux années pour sa toute-puissance, estimant dès lors me concurrencer même en matière de jeunesse. Et c'est vrai que la jeunesse et la vie sont liées comme une évidence à tout ce que je conserve de Michel et de lui. Je fus ému de constater à quel point mon père était encore un fils en comprenant sa manipulation de mes rapports avec mon grand-père, je le fus tout autant en saisissant à quel point il était un père, prisonnier de son amour paternel et incertain, mal assuré de ce que je deviendrais. Sa toute-puissance était une imposture, il n'y avait jamais eu que moi pour y croire. Michel, je l'aimais, mais pas comme un fils. Il m'aidait à créer le cadre d'une relation complètement originale qui en développerait autant d'autres qu'il faudrait pour mes affections à venir. Il me libérait de ce que je n'avais pas choisi, de ce qui était partie intégrée et non intégrante de moi. Je le ressentais comme s'il avait pour moi un dévouement discret sans être secret, un amour sans angoisse, le meilleur à recevoir. J'aimais que mon père fût mon père, j'aimais que Michel ne le fût pas.

Quelques jours avant la mort de Michel, *Libé-ration* avait consacré toutes ses premières pages à la sortie de ses deux derniers livres. La principale leçon qu'en tirait le journal était qu'il fallait faire de sa vie une œuvre d'art. Mon père n'était pas artiste, pas écrivain, mais il mettait les écrivains au-dessus de tous. Il s'estimait leur représentant et, à défaut de sa vie, il avait fait de sa profession une œuvre d'art, c'est ça qu'étaient pour lui les éditions de Minuit. Michel ne prétendait pas être écrivain mais il n'aurait pas été l'intellectuel qu'il fut si son lien avec l'art n'avait été si fort. Mon père personnifiait pour moi une association rarement aussi réussie entre l'art et le commerce. On l'a dit parfois avare et je suis persuadé qu'il ne l'était pas, que, s'il jouait de l'argent, c'était dans une stratégie de domination et non par fétichisme. Un jour qu'il appuyait sur les inconvénients du poste de respon-sabilité qu'il occupait, je lui avais répondu que, en contrepartie, il offrait du pouvoir à son titulaire. « Du pouvoir, oui », me répondit-il avec sur le visage un tel sourire qu'il ne pouvait contraindre, une expression de jouissance semblable à celle de Pic-sou nageant dans sa piscine emplie de pièces d'or ou à ce que j'imaginais de Saint-Simon lorsque, après des années et des milliers de pages d'aigreurs, il en arrive enfin avec ravissement à l'humiliante dégra-dation des bâtards de Louis XIV, que j'en étais arrivé à l'idée que mon père était avare de pouvoir,

fétichisme inclus. Et c'était logique. Je pouvais le
regretter mais pas y trouver à redire, l'expression
« jaloux de son pouvoir » a tout d'un pléonasme.

Pour Michel, la puissance était première et le
reste en découlait. Sa façon de m'écouter, à l'af-
fût de la moindre prise pour m'aider, me rendait
cette puissance la chose la plus douce et nécessaire du monde. C'était comme s'il avait tiré de
son travail où le thème du pouvoir est si prégnant
une incroyable capacité à l'exercer dans ses relations personnelles pour le bien général, c'est-à-
dire celui de l'autre et le sien, en tout cas celui de
l'autre. Ça grippait quand mon père voulait en
faire autant, à cause de la filiation sans doute, il
n'y avait jamais suffisamment pour contrebalancer
le pur pouvoir. Je pourrais tout retourner : mon
père non plus n'aimait rien tant que ne pas domi-
ner, être emporté par l'affection et l'admiration
comme dans le cas de Beckett, mais la barre était
si haute qu'il s'estimait heureux d'avoir rencontré
et pu faciliter la carrière et la vie d'un unique tel
être dans son existence. Qu'on le laisse tranquille
était également une de ses préoccupations, mais
qui débouchait sur sa propension à être dérangé
puisque son métier l'éloignait par nature de la tour
d'ivoire. Un de ses gestes, une de ses expressions
ou de ses phrases et j'avais l'agacement à fleur de
peau. Être son fils était à deux doigts de me monter contre lui : ce qu'on ne supporte pas chez un

père, c'est ce qu'il vous a légué. De ma vie, en revanche, je n'ai jamais été énervé contre Michel et sans doute lui non plus, sinon peut-être parfois par notre bêtise, quand Hervé et moi faisions les imbéciles en sa présence, mobile qui ne prêtait pas à réciprocité.

Toujours, la façon dont Michel évoquait la littérature me parlait tandis que mon père me semblait surtout expert à l'apprécier et la publier. Tel que j'avais été élevé, il y avait quelque chose de sacré autour des livres alors que Michel avait une façon de me les rendre prosaïques, vivants. Un autre, en écoutant mon père, serait peut-être arrivé aux mêmes conclusions que moi sous l'influence de Michel, mais un tel cheminement était impossible entre nous deux.

Ce collègue qui, à peine ses condoléances expédiées, avait tâché de prendre l'avantage sur moi le jour de l'enterrement de mon père, de me faire la leçon en s'étonnant de ma présence sur mon lieu de travail, il ressortait d'une jalousie diffuse à mon endroit que je n'ai jamais bien maîtrisée. Peut-être mes livres jouaient-ils aussi contre moi mais ma généalogie, qui avait ses avantages, prenait soudain un tour peu souhaitable. Un jour que je jouais un petit rôle de professeur de philosophie dans le film d'un ami – un peu comme une *private joke* affectueuse, pour que je sois présent lors du

tournage sur ses lieux d'enfance et aussi dans son
film achevé –, la maquilleuse m'avait demandé si
j'étais de la famille de l'acteur, mon cousin germain,
et s'occupait de moi avec une antipathie manifeste,
comme si j'avais par relation volé cette figuration
à un autre plus méritant, et n'en était venue à des
sentiments convenables que lorsqu'elle avait compris que le cinéma n'était pas ma carrière. J'avais
une fierté à être ami de Michel, comme avec tous
mes amis, due à la réciprocité nécessaire d'une
telle relation, d'autant plus grande dans le cas de
Michel que nombreux étaient ceux qui, au simple
énoncé de son nom, pouvaient comprendre l'éten-
due de mon privilège. Mais mon père, en aurais-je
eu honte ou m'eût-il détesté, je serais resté son fils
quand même, j'étais un peu décontenancé d'en être
fier alors que je n'y étais pour rien, juste parce que
je l'aimais et l'admirais.

   « Mes condoléances. Mais alors, qu'est-ce
que tu fais ici? » Me déplaisait d'avoir été attaqué dans des circonstances où, me détestât-on,
un raisonnable armistice eût été de mise, de
l'avoir été de biais, cauteleusement, et d'avoir
répondu, de m'être laissé prendre, comme si
l'autre, plus âgé que moi même si pas au point
de pouvoir être mon père, m'éduquait – un sourire sournois aurait été une meilleure réaction
que la meilleure repartie. Je comprenais mieux
la joie de Michel après qu'Hervé lui avait répété

la phrase qui l'élevait au rang de vice à lui tout seul et j'aurais préféré, comme angle d'attaque, ce que j'entends plus ou moins aujourd'hui sous les mots banals mais antipathiques lancés par mon collègue de bureau d'alors, ce que j'extrapole de son agressivité diffuse : « Tu es pédé, tu es drogué et tu es fils de Jérôme Lindon. »

## 5

Adalbert Stifter est un écrivain autrichien
né en 1805 et mort en 1868. Moi qui ne comprends pas un mot d'allemand, je n'en avais jamais
entendu parler avant de découvrir une traduction
de lui sur un bureau, au début que je travaillais au
*Nouvel Observateur*, de la rapporter chez moi et de
commencer à la lire. Le titre de la nouvelle ou petit
roman était *L'Homme sans postérité*. Cette lecture
me fascina immédiatement. J'y retrouvais quelque
chose de *La Nuit du chasseur*, le texte de Stifter et
le film de Charles Laughton se rejoignant dans une
espèce de classicisme exagéré, à la fois enfantin et
mature, qui leur donnait à mes yeux une originalité absolue, comme s'ils ne relevaient pas du même
art que l'ensemble des autres films ou des autres
romans. J'avais entrepris de lire ce livre pour passer
le temps en attendant une amante qui devait passer
chez moi et il s'avéra, quand j'en étais à la moitié,
qu'elle était en retard, ce pour quoi j'ai d'habitude

peu de patience mais, dans ce cas précis, je priais
pour qu'il augmente, détestant l'idée d'être interrompu dans ma lecture. De fait, cette fille n'arriva
que lorsque j'avais fini le texte et ce fut d'ailleurs
elle, ce soir-là, qui m'informa de la manière dont
un autre amant à elle m'avait défini par un inattendu trio de vices où Michel avait sa part.

Mon enthousiasme pour *L'Homme sans posté-
rité* était tel que c'est sans doute le livre que j'ai le
plus acheté dans ma vie, l'offrant à tous mes amis,
en particulier Gérard, Hervé et même Michel à qui
je conseillais rarement des lectures. Je le vantai également à mon père, quoique le texte n'eût pas forcément l'originalité formelle qui lui plaisait, à qui cet
écrivain était aussi inconnu qu'à moi une semaine
plus tôt, quoique ma mère en ait déjà lu d'anciennes
traductions. Ça ne suffit pas pour qu'il le lise sur-
le-champ mais il avait été suffisamment impressionné par mon emballement pour revenir sur le
sujet quelques jours plus tard. Il en avait parlé à
Sam qui naturellement connaissait très bien Stifter,
chose en vérité d'autant moins surprenante qu'il
est un des écrivains de langue allemande les plus
révérés (en m'intéressant à lui, j'allais voir comment Nietzsche, Hermann Hesse, Peter Handke le
révéraient), et avait ajouté, lui qui lisait l'allemand,
que sa plus belle œuvre était un long roman inti-
tulé *L'Été de la Saint-Martin*. Je lus tout ce que je
pus de Stifter, toujours avec ravissement. Peu avait

été traduit avant mais *L'Homme sans postérité* eut sa postérité et des nouvelles et recueils de nouvelles parurent pour ma plus grande joie. Y manquait cependant *L'Été de la Saint-Martin* dont j'espérais toujours lire dans les programmes d'éditeurs l'annonce de la prochaine traduction. Tous les textes qu'on traduisait étaient brefs et la perspective d'en lire un long me réjouissait, à ceci près qu'elle ne montrait aucun signe de matérialisation. La douceur des œuvres de Stifter m'envoûta encore plus quand je sus qu'avant d'écrire il avait longtemps voulu devenir peintre.

Plus de vingt ans passèrent entre le moment où j'avais appris l'existence de Stifter et de son fameux roman et la parution de *L'Été de la Saint-Martin* en fait traduit *L'Arrière-saison*. Le livre avait six cent cinquante pages et j'étais heureux de l'emporter à Rome où je passais quelques jours de vacances auprès de Rachid, lui qui a quinze ans de moins que moi, pensionnaire à la villa Médicis comme je l'avais été une dizaine d'années auparavant avec Hervé qui avait en vain tâché d'arracher une année supplémentaire en se présentant comme artiste graphique après y avoir séjourné comme écrivain, tel un Stifter à l'envers. Ces vingt ans d'attente avaient dû me préparer à ne pas perdre une miette des charmes du livre et, alors que même ses thuriféraires les plus fameux évoquent l'ennui de certains passages du roman, je le lus avec une émotion

de chaque instant. Quelque chose se tendait, se
transformait à ce moment dans ma relation avec
Rachid, nous étions à deux doigts de nous disputer
durant ce séjour lorsque, à déjeuner, je lui parlai
de *L'Arrière-saison* (il connaissait Stifter, lui aussi
ayant eu droit à son exemplaire de *L'Homme sans
postérité*). Et, comme si elle était fidèle à ma lecture,
je le fis d'une façon qui me mit les larmes aux yeux
et presque aux siens. Le roman, selon sa quatrième
page de couverture, « poursuit un idéal esthétique
et moral d'une extrême ambition ». Le héros, qui
est le narrateur, en est un jeune homme selon les
règles du roman d'apprentissage, mais il rencontre, en plus d'une jeune fille, une vieille femme
et un vieil homme aux liens mystérieux et chacun
proche de la mort. Or, chez Stifter, et c'était pareil
dans *L'Homme sans postérité*, la vieillesse crée la jeunesse – le jeune homme sans vieux, privé de cet
entourage, de cet encadrement, est complètement
perdu, encombré de son âge, de ses sensations, de
ses ambitions. Je n'étais sans doute pas vieux aux
yeux de Rachid mais je n'étais certes plus celui qui
était tombé dans la potion stiftérienne pour moi
magique quand j'étais jeune. Et cette lecture que
j'aurais de nouveau aimé recommander à mon père,
maintenant âgé de soixante-quinze ans, il n'y en
avait plus la possibilité. Il était déjà dans son lit qui
serait de mort et je commençais à m'en douter malgré moi. Il n'y avait pas que les vingt ans à attendre

la traduction qui justifiaient mon émotion, en plus du texte lui-même, il y avait tout ce que ces vingt années avaient traîné après elles.

Après la parution de mon article, je tombai par hasard sur l'attachée de presse de *L'Arrière-saison* qui me remercia gentiment et ajouta que l'auteur d'un autre article sur le roman lui avait dit avoir eu honte du sien après avoir lu le mien. Ça me toucha. Je trouvais délicat, de la part de cette attachée de presse si discrète, de me le répéter et, surtout, que l'auteur de l'autre article ait pu penser ça me renvoyait à l'univers stiftérien où une telle élégance serait la norme. Ça me renvoyait aussi à mon propre univers dont Stifter, malgré mes lectures et mes articles, n'est somme toute qu'un élément périphérique. Michel, comme on parlait souvent de littérature, m'avait dit, alors que je lui explicitais mon goût pour Faulkner, Conrad, Melville, combien les littératures anglo-saxonne et allemande recrutaient généralement des amateurs différents. Il en était le contre-exemple, lui qui, germaniste plus qu'averti, mettait cependant si haut *Au-dessous du volcan* que c'était un immense compliment qu'il avait fait à Hervé en le rapprochant de Malcolm Lowry dans sa préface au catalogue de Duane Michals que j'avais un jour oublié rue de Vaugirard, et je fus pourtant convaincu. Lorsque nous avions ces conversations, je connaissais à peine Hermann Hesse, Thomas Mann, Hermann

Broch, Stifter lui-même, a fortiori Thomas Bernhard. Par la suite, j'ai mille fois regretté, le regret
ayant mille façons de se manifester, de ne pouvoir
confronter aux siennes mes lectures de ces auteurs,
lui faire savoir que moi aussi j'étais arrivé sur ces
germaniques chemins. La noblesse de la réaction
de l'auteur de l'autre article sur *L'Arrière-saison* me
faisait penser à Michel parce que la noblesse me fait
penser à lui mais aussi parce qu'elle entérinait mes
nouvelles compétences amoureuses en matière de
littérature allemande, fût-elle autrichienne. Mon
père, pour sa part, n'était plus guère en état de lire
quoi que ce soit, ni le roman ni mon article.

Michel m'avait un jour vanté mes articles en
raison de leur ironie. Ça m'avait surpris parce que,
dans le cas précis d'où il tirait cette généralisation,
je ne m'étais rendu compte de rien de sorte que je
m'étais même demandé comment le prendre, pas
longtemps car j'étais sûr d'avoir raison de toujours
prendre bien ce qu'il me disait. Quand j'avais publié
mon premier roman, sous pseudonyme, et que
je l'avais envoyé à Jean Dubuffet, que j'adorais et
que, personellement, il n'aimait pas, et que celui-ci
m'avait répondu une lettre splendide, j'avais dit à
Michel avoir moi-même répondu à cette réponse
pour lui dire qui j'étais, vu que j'avais déjà rencontré avec passion le peintre que j'admire aussi
comme écrivain. Et Michel avait ri, sans doute

parce qu'il trouvait grotesque cette situation d'anonymat bavard, mais de son bon rire sans arrière-
pensée, et j'avais tout bonnement trouvé moi aussi
ridicule la situation où je m'étais fourré. Je l'avais
trouvée ironique parce que l'ironie, pour moi, a
toujours couvert le champ entier de mon existence.
Lorsque j'avais quitté l'appartement familial afin de
m'installer seul, ma mère m'avait donné tous mes
vieux bulletins scolaires pour que je l'en débarrasse,
et j'avais lu sur le plus ancien, quand il était question pour l'institutrice de juger de mon élocution,
qu'elle avait seulement écrit : « Langage très précis,
parfois ironique. » J'avais six ans, j'aurais voulu me
rappeler ce qu'était l'ironie d'un enfant de six ans.

Elle avait de toute évidence à voir avec mon
écriture journalistique. Comme le bon garçon de
*L'Homme sans postérité*, j'avais tendance à croire ce
qu'on me racontait comme un récit, d'abord imperméable à la stratégie qui pouvait être derrière. Mon
père disait encore plus de mal des journalistes que
des éditeurs et j'avais donc débuté dans la vie avec
un grand mépris à leur égard. À la fois, il s'était
mêlé de m'obtenir un stage au *Nouvel Observateur*,
dès lors m'avait assuré qu'un métier était ce que
chacun en faisait et avait manifesté son contente-
ment quand le journal, après des années, avait fini
par m'embaucher. Ce dernier épisode avait réjoui
Michel quand je le lui avais raconté : il y avait plein
de stagiaires et pigistes dans mon genre au *Nouvel*

*Observateur* et, étant donné que le nombre de pages était limité et squatté par des intellectuels dont, parfois, Michel lui-même, ils passaient leur temps à se plaindre que leurs papiers ne paraissaient pas. Je m'étais contenté d'écrire un minimum d'articles, d'être toujours d'humeur joyeuse sans peser comme un remords sur ma hiérarchie avec mes inédits, si bien qu'en définitive c'est moi qui avais été engagé d'abord. Et cette stratégie avait tant amusé Michel que j'avais acquis une fierté rétrospective à l'avoir tissée, que j'aie pu penser ainsi le faisait jubiler comme description du système économique. Alors que, tout simplement, à cause de ma prétention et des préventions que je prêtais à mon père, pour moi à l'époque le métier de journaliste était si dévalorisé par rapport à celui d'écrivain que l'amour-propre, malgré ce que j'en voyais chez d'autres, était nécessairement exclu de la profession. J'étais d'une ironie ontologique et naïve. Tout ce que je voulais, c'était une place dans un monde où je trouvais d'une ironie sans humour d'être à ce point étranger.

Bien avant de rencontrer Michel, j'avais adoré, en plus du livre lui-même, la préface de trois pages qu'il avait écrite pour une réédition d'*Histoire de la folie* où il expliquait pourquoi il lui était impossible de rédiger une préface à ce texte et concluait par ces lignes soudain en forme de dialogue : « – Mais vous venez de faire une préface.

– Du moins est-elle courte. » C'était un sain rapport à la théorie, c'était mon idée de l'ironie. Celui qu'elle mettait en question était le plus souvent l'ironiste lui-même. En lisant des textes de Nietzsche, il m'arrivait de ne pas comprendre si ce qui était écrit était censé révéler sa propre pensée ou le ridicule de ceux qui pensaient ça. Quand, après la mort de Michel, je suis devenu plus familier de la littérature allemande, parfois j'ai eu la même incertitude face à Thomas Mann et j'ai tant aimé *Joseph et ses frères* en étant persuadé de l'avoir lu de travers en mille occasions. Mais Stifter, comme Willa Cather dans la littérature américaine, était pour moi au-delà de l'ironie. Je n'avais aucun mal à leur imaginer des détracteurs mais, en croyant se moquer de ces œuvres, ceux-ci n'auraient fait que révéler leur bassesse, tel un lecteur des *Misérables* qui aurait ricané de Mgr Myriel pour s'être fait rouler par Jean Valjean, le con, et se serait tenu à cette interprétation tout au long du roman.

*L'Arrière-saison* m'évoquait Michel sans que je sache pourquoi. Ce n'était pas seulement le bouillonnement apaisé et serein ou la sagesse aristocratique, et la vieillesse n'avait rien pour me faire penser à lui. Quelque chose tenait à moi. C'était comme s'il m'était un roman d'apprentissage à lui tout seul, et le plus haut qui soit. Est dit dans le texte de Stifter que les deux personnages les plus âgés vivaient « dans le bonheur et la constance une manière d'arrière-saison qui n'avait pas eu d'été ». Mon adolescence épouvantable avait retardé ma jeunesse, la mort de Michel l'avait enterrée. Du moins était-ce ce que je m'imaginais. J'avais rencontré Michel à peu près à l'âge où mon père avait rencontré Samuel Beckett, même si je devais le connaître plus de trente ans de moins. Je l'identifiais à ma jeunesse et même à la jeunesse en général, il personnifiait à mes yeux l'une et l'autre, comme mon père pouvait faire à son autre manière. Rencontrer quelqu'un est toujours un événement de la vie et, à moi, ce fut si longtemps si difficile qu'une telle chance me semblait presque une aventure mythique. Pour qui a été élevé dans les normes familiales, manquera toujours de ne pas avoir rencontré ses parents ni été rencontré par eux. Il n'y a pas eu coup de foudre naturel, objectif, ni libre apprentissage de l'autre. L'amour préexiste d'un côté, est nécessité de l'autre – c'est un plus et c'est un moins. Seule l'adolescence m'avait échappé, je comprenais soudain pouvoir vivre dans le bonheur et la constance une manière d'arrière-saison qui n'aurait pas eu de printemps, comme bienheureusement arrêté dans l'été.

Dès que j'avais rencontré Rachid, j'avais été désolé que Michel et lui ne se soient pas connus. J'imaginais que Michel l'aurait adoré pour une raison analogue à celle qui pouvait lui faire comparer Hervé et Malcolm Lowry, pour sa singularité

brute et discrète, son innocente indépendance. Et
là, dans un moment de tension avec lui qui déci-
dait de la suite de notre relation, je n'avais en fait
aucune inquiétude. Je savais quoi faire. Il suffisait
de compter sur lui et sur moi, sur son amour à lui
et mon amour à moi, et les choses se mettraient
en ordre au mépris éventuel de toute convention.
Je n'avais rien d'autre à faire que de lui parler de
*L'Arrière-saison* comme je le faisais parce que je ne
pouvais pas m'en empêcher, rien d'autre que faire
confiance à Michel. Devant lui, je m'étais toujours senti un enfant, quoique pas le sien, un jeune
homme, et ce sentiment perdurera quand peut-être,
bientôt, je dépasserai l'âge qu'il avait à sa mort. La
joie qu'il manifestait chaque fois qu'il m'ouvrait la
porte de la rue de Vaugirard, je me l'étais appropriée. Je me croyais capable de l'offrir à mon tour,
et sans même y faire attention. Je lui avais pris mille
choses qui m'étaient devenues naturelles et dont je
lui étais reconnaissant – c'est la différence statutaire
entre un ami et un père dont celui-ci doit amère-
ment goûter l'ironie. J'avais une gratitude pour être
devenu ceci quand j'avais eu une aigreur à être cela.
Changer me semblait une avancée. Mon père était
un fait, Michel avait été une chance. Rachid aussi
héritait de lui.

J'étais sûr que Michel en aurait été heureux,
que c'était exactement ce qu'il voulait en m'ensei-
gnant par la pratique les relations humaines dans

lesquelles j'avais rencontré en Rachid un autre
expert, et la générosité, malheureusement, était
une ironie – c'est en cela qu'elle était générosité,
c'est cela qu'avait dû ressentir mille fois mon père
face à moi. Au fil des années, après qu'elle eut été
à deux doigts de ne pas, la mort de Michel m'avait
laissé plus vivant que jamais, à même de voir venir
avec douleur mais sans une trop immense rupture
consciente celle de mon père. Me revenait toutefois ce que je savais des circonstances de la mort
de Stifter. Le 26 janvier 1868, à soixante-deux ans,
après mille tourments, souffrant abominablement
(cancer ou cirrhose du foie), l'auteur de tant de
chefs-d'œuvre à la sérénité apparente infinie s'était
tranché la gorge au rasoir et n'en était mort que
deux jours plus tard. « Ah, Bartleby! Ah, humanité! » avait écrit Herman Melville en chute de sa
nouvelle la plus stupéfiante à laquelle, à l'univer-
sité, j'avais consacré ma maîtrise. Ah, ironie! Ah,
sérénité!

## 6

Gérard m'a offert une casquette, l'autre jour, et ça m'a énervé contre lui, moi qui ne le suis jamais. « Il sait bien que je n'en porte pas », me suis-je justifié auprès de Rachid qui riait de mon agacement de recevoir un cadeau de mon plus pacifique ami comme si c'était une déclaration de guerre et, sans même l'avoir essayée, je l'ai rangée dans un placard qu'elle n'est pas près de quitter. Ce n'est pas mon truc, les vêtements, et je n'aspire à rien d'autre qu'une sobriété passe-partout. Il m'est revenu, cependant, que j'en portais une, de casquette, la première fois où j'ai vu Michel.

Car, en fait, je l'ai rencontré avant la rue de Vaugirard proprement dite, même si ce ne fut pas une vraie rencontre. Pour la revue dont mon père m'avait confié la direction que j'avais souhaité partager avec un ami suisse connu parce qu'il y avait publié des textes, nous avions demandé un entretien à Michel Foucault qui nous avait donné

rendez-vous chez lui une fin d'après-midi. Denis
et moi étions convenus de nous retrouver en bas
de l'immeuble pour arriver ensemble. J'étais en
avance, comme d'habitude, et Denis s'est fait exagérément attendre. À l'heure du rendez-vous, il
n'était toujours pas là, si bien que je suis monté seul
dans l'appartement, trouvant trop grossier d'être en
retard chez une telle personnalité à qui on demandait une sorte de service. Il s'était perdu et ne sonna
que vingt bonnes minutes plus tard, quand j'étais
déjà dans l'appartement. Cette fois-là, il ne m'avait
produit aucun effet particulier, j'étais trop intimidé
d'être en présence de Michel Foucault et énervé et
inquiet de l'absence de Denis. L'entretien ne se fit
pas, Michel nous envoya poliment sur les roses. Il
fallut des années d'intimité pour qu'on parle de cet
épisode, une unique fois. Michel me dit qu'il avait
un préjugé contre moi. Comme j'avais succédé à
la tête de la revue à Tony Duvert, il avait cru que
j'avais obtenu de mon père la tête de celui-ci pour
le remplacer avec mon petit copain et n'avait res-
senti aucune envie de cautionner ce népotisme.

Mais il y avait encore eu auparavant une autre
rencontre qui n'en avait pas été une et dont nous
ne reparlâmes jamais. Mon bac en poche, je vivais
encore chez mes parents, disposais en tant qu'étu-
diant d'énormément de temps et ne connaissais
personne, le bac n'ayant pas miraculeusement sifflé
la fin de mon adolescence infernale même si l'uni-

versité allait y contribuer. J'étais plus assuré de mes
goûts littéraires que sexuels. Je savais que Michel
Foucault faisait un cours ouvert à tous au Collège
de France. Je sus même que le règlement de l'institution le contraignait à y faire un séminaire où la
foule serait forcément moindre et où j'aurais donc
plus ma chance d'être remarqué. En début d'année
universitaire, je me rendis à la première séance de
cette session du séminaire. Nous n'étions pas très
nombreux et Michel entreprit de nous décourager.
Il fallait cependant remplir une fiche, ce que je fis,
heureux qu'elle réclamât de mentionner nos noms
car j'étais fier du mien. J'avais intégré un peu de
travers l'élitisme familial de sorte que je ne pensais
aucunement que mon père était un homme célèbre
– ce n'était pas comme s'il était acteur ou footbal-
leur, quel enfant est passionné par un éditeur dont
la maison ne porte même pas le nom? aucun cama-
rade d'école ne m'avait jamais demandé si j'étais
de sa famille –, mais qu'il pouvait l'être, célèbre et
respecté, dans un milieu choisi, plus raffiné, dont
Michel Foucault faisait partie.

Il n'était pas d'usage de se moquer de mon
père à la maison. Une plaisanterie y était toutefois
acceptée qui consistait à lui prêter des phrases que
prononce Agamemnon (« le roi barbu qui s'avance
bu, qui s'avance bu... ») dans la fameuse « Marche
des Rois » de *La Belle Hélène* : « J'en ai dit assez je
pense en disant mon nom » ou « Et ce nom seul me

dispense, seul me dispense, seul me dispense d'en dire plus long ». Mon grand-père adorait Offenbach qui faisait partie de la culture familiale avec une simplicité parfois affectée, parce qu'il est rarement le musicien préféré des mélomanes, et il était piquant de mêler les populaires librettistes Meilhac et Halévy à Beckett, Duras, Robbe-Grillet, Deleuze, Bourdieu, Robert Pinget et Claude Simon tels qu'ils étaient présents chez nous *via* mon père. Dans ma détresse que cela augmentait, j'étais constitué d'un snobisme dont je ne me rendais même pas compte. Michel Foucault n'eut pas plus de signe d'intérêt pour moi en parcourant ma fiche qu'il n'en avait eu en me voyant. Ça suffit pour m'éloigner. Même si je peux être parfois tenace, je me suis retrouvé bien des années plus tard en lisant un entretien avec Jean Yanne qui déclarait : « Je suis le contraire de Bernard Tapie. Au premier obstacle, je renonce. »

Mon père était toujours soucieux d'élégance. Ma mère lui achetait souvent des vêtements, comme elle fait maintenant avec moi. Peu avant cette époque, il s'était procuré une casquette sans laquelle il ne sortait plus jamais comme si elle lui était devenue indispensable, ce qui m'a d'autant plus marqué que les chapeaux m'ont toujours semblé des accessoires incongrus. Mon seul vrai goût pour les vêtements était celui de pulls ternes et trop grands, amples, confortables, qui fassent des plis. L'affaire de la casquette de mon père me montrait qu'il y avait un autre usage, plus social, à l'habillement et, durant quelques semaines, j'en portai une. Ce fut surmonté d'elle que je me rendis au séminaire du Collège de France où son fantasmatique pouvoir de séduction n'opéra pas.

J'ai bien fait de ne pas attendre Denis, le jour de la seconde de mes vraies fausses premières rencontres avec Michel. Celui-ci me raconta beaucoup plus tard avoir une année fait partie d'un jury en compagnie de mon grand-père. Un taxi était chargé de les emmener sur place, eux deux ainsi qu'un troisième homme qui n'était pas en bas de chez lui comme prévu quand la voiture arriva si bien que le chauffeur, Michel et mon grand-père durent l'attendre quelques minutes. À en croire Michel, la fureur exsudait de tous les pores de la peau de mon grand-père au fil des secondes face à cette grossièreté, au point qu'il en était presque inquiet pour lui et que ça égayait son récit. De fait, un frère de mon grand-père, grand-oncle que je connaissais à peine, s'est écroulé un soir dans un restaurant sans pouvoir être réanimé et ce qu'on m'a dit est qu'il est mort de rage, exaspéré du service défectueux.

Une seule fois, nous allâmes au théâtre ensemble, Michel, Daniel, Hervé, son ami Thierry et moi. La pièce se jouait en banlieue et Michel nous y conduisit. À peine une heure après le début du spectacle, il y eut une alerte à la bombe et il fal-

lut évacuer la salle. Dehors, on était enthousiastes :
la pièce, la mise en scène, tout était merveilleux.
Peut-être l'interruption avait-elle tout gâché mais,
une demi-heure de spectacle plus tard, à l'entracte,
Michel et moi trouvions la pièce tellement nulle que
la mise en scène n'avait plus aucune importance,
il n'était question que de partir. Daniel et Thierry
n'étaient pas contre mais Hervé était demeuré sur la
première impression et, un départ prématuré récla-
mant l'unanimité, on resta tous. La pièce n'avait pas
repris depuis cinq minutes qu'Hervé, qui était assis
à côté de moi, avait rejoint l'opinion dominante mais
il était désormais impossible d'agir. Des acteurs en
tenues de guerriers, hurlant et armés jusqu'aux dents,
surgissaient parmi les spectateurs de tous les coins
de la salle et c'eût été un effet comique qui aurait
tenu du sabotage que de s'enfuir alors en murmu-
rant « Pardon, pardon, pardon ». On resta jusqu'au
bout comme au supplice, ayant complètement décro-
ché, absolument plus intéressés par ce qui pouvait
se passer sur scène ou dans la salle, dans un ennui
quasi hystérique. Le retour fut sinistre. Michel était
exaspéré comme d'un retard qu'on lui ait fait perdre
son temps, Daniel avait beau s'échiner à détendre
l'atmosphère on n'osait pas ouvrir la bouche, Michel
ne disait rien pour ne rien dire de désagréable, je ne
l'ai jamais revu dans cet état. Il nous lâcha sur les
Champs-Élysées pour qu'on aille tous les trois dîner
sans eux et rentra avec Daniel.

Peu avant que ne paraisse *À l'ami qui ne m'a pas sauvé la vie*, j'étais à São Paulo, chez Bernardo. Une semaine avant mon départ, Hervé m'avait proposé de relire les épreuves en vue d'éventuelles suggestions et j'avais donc le texte bien en tête. À ma première lecture, j'étais si heureux de voir revivre quelque chose de Michel que je ne m'étais pas arrêté sur l'effet que pourrait faire à Daniel le roman et les passages le concernant lui. Ça n'avait pas été immédiat non plus à la deuxième mais, avec un petit délai, maintenant j'en avais, des suggestions. Seulement, à l'époque, obtenir le téléphone au Brésil était une aventure et Bernardo ne l'avait pas. Appeler de la poste était au-dessus de mes ambitions vu ma timidité et ma faible maîtrise du portugais. Ce n'est qu'à mon retour que je dis à Hervé que, selon moi, il pourrait enlever, sans que le roman y perde et de façon que Daniel y gagne, telle et telle phrase que je lui précisai. Il me répondit qu'il l'aurait fait si je le lui avais suggéré plus tôt mais que le livre était en fabrication et qu'il était impossible d'y changer quoi que ce soit. La principale phrase que je souhaitais lui faire censurer concernait le fait que Michel était souvent hors de lui des retards de Daniel. Ça me semblait inutile d'infliger ça au survivant, alors qu'il n'y avait rien d'étonnant à ce que l'exaspération soit parfois de mise entre deux êtres si proches. J'avais surtout le sentiment que, pour ce

qui concernait la tolérance aux retards, Michel
aurait pu être de ma famille.

Quand lui-même risquait d'être en retard à un
rendez-vous chez lui, il me disait que je n'aurais
qu'à l'attendre à l'intérieur, puisque je conservais
la clé entre deux séjours et qu'elle était encore dans
ma poche le jour de sa mort. Vingt-cinq ans plus
tard, j'ai répondu trop sèchement à un ami qui justifiait par l'amitié de ne jamais être à l'heure à ses
rendez-vous avec moi qu'il y avait des gens pour
qui être en retard était la seule manière de se faire
attendre. Michel en a malheureusement trouvé
une autre, définitive. Chaque jour, j'attends les
moments où il surgit en moi et me réconforte de sa
seule existence passée.

Cinq ans avant de rencontrer Michel, je
connus Roland Barthes qui était probablement un
des seuls autres grands noms dont mon père regrettait qu'il ne publie pas aux éditions. Tony Duvert,
auteur Minuit, avait reçu le prix Médicis dans le
jury duquel Barthes venait d'entrer et c'était grâce
à son soutien que ce résultat avait été possible. Mon
père l'avait invité à dîner à la maison, j'avais dix-
huit ans et j'étais là. Je ne portais certes pas ma
casquette à l'intérieur mais, tel que j'étais, j'eus du
succès auprès de Barthes qui me convia à son séminaire, de sorte que je le voyais chaque semaine dans
un environnement où, plus jeune que les autres

participants, arrivant en cours d'année, intimidé, je restais la plupart du temps silencieux. Au début de l'été, comme j'avais envoyé quelques lignes pour m'excuser de ne pouvoir être présent au dîner de fin de la session, il me répondit que ça n'avait pas l'importance que j'y mettais, qu'il y aurait d'autres occasions et que « ce séminaire t'attend, comme moi-même » (il m'avait tutoyé immédiatement). Je fus en retard, un retard permanent. Il attendait de moi un acte plus que des mots et, lorsque j'y renâclai, je fus expulsé sans délai de cet univers, aucune autre séance de séminaire ne m'accueillit jamais, ce qui m'apparut à la fois légitime et grossier. C'était comme si j'étais devenu soudain inexistant. Au vernissage d'une exposition qui lui était consacrée des décennies après sa mort, je félicitai l'organisatrice et attirai son attention, sur une énorme photo de groupe représentant le séminaire, sur un jeune homme en imperméable. « Oui, c'est le seul qu'on n'a pas réussi à identifier », me dit-elle. Bien sûr, c'était moi.

Je ne revis Barthes qu'une fois après qu'on n'eut pas fait l'amour ensemble. Il était un des invités de la soirée du danseur nu pas nu japonais. Thierry et moi étions arrivés plus tôt rue de Vaugirard, pour aider si ça se présentait. Michel nous envoya chercher des bouteilles à la cave dont l'accès nécessitait qu'on sorte de l'immeuble avant d'y rentrer. Durant les quelques pas que nous fîmes dehors, on tomba

sur Barthes qui arrivait. Son visage, en me voyant,
manifesta une surprise aussi marquée que lorsqu'il
s'agit de signifier la stupéfaction dans un dessin
animé ou une bande dessinée. Il n'en revenait tellement pas que ça aussi aurait été grossier si ce n'avait
été si spontané – c'était instinctivement insultant,
sans doute pensait-il que j'aurais dû finir dans les
poubelles de l'homosexualité, que seul un miracle
qui avait donc eu lieu pouvait me tirer du néant.
Sans calcul, sans stratégie, on n'échangea pas un
mot de la soirée. Michel, à qui je n'en avais jamais
parlé, n'a pas dû se douter qu'on se connaissait. Et,
maintenant que j'avais noué cette relation inespé-
rée, j'eus, avec une sorte de mégalomanie compa-
tissante, un regret pas tant pour moi, puisqu'il y
avait Michel, que pour Barthes lui-même : lui aussi,
il aurait pu tirer quelque chose de moi. Il me semblait curieusement qu'il y avait perdu plus que moi,
puisque, moi, Michel m'avait sauvé. Je trouvais ça
dommage, selon l'expression qu'employa souvent,
au millénaire suivant, un garçon de plus de vingt
ans plus jeune que moi envers qui je finis par ne
plus voir d'autre issue que tâcher de me conduire
à son égard comme Barthes l'avait fait envers moi
(mais il n'est pas sorti aussi facilement de ma vie
que moi de celle de Barthes).

Michel ne me parla qu'une fois de la mort de
Barthes. Renversé par une camionnette en sortant
du Collège de France, celui-ci n'était jamais sorti

de l'hôpital où la rumeur prétendait qu'il s'était plus ou moins laissé mourir. Michel, qui avait lui-même passé quelques jours à l'hôpital après avoir été renversé en sortant de chez lui, me dit qu'on ne se rendait pas compte de l'effort que c'est de survivre à l'hôpital, que se laisser mourir est l'état neutre de l'hospitalisation, qu'il faut se démener pour lutter contre. Il ajoutait, à l'appui de son interprétation, qu'on imaginait au contraire pour Barthes une longue vieillesse heureuse, comme à un sage chinois. Après la mort de Michel, quand je vis son vieux maître que mon atterrement avait frappé, vieux, trop vieux à son goût, il me dit la chance que c'était pour Michel d'être mort jeune, en pleine possession de ses moyens. Il y avait une volonté de me consoler dans ces propos mais il était net que lui trouvait que sa propre vieillesse prétendument heureuse était bien longue.

Mon père avait soixante-quinze ans à sa mort et ça m'aidait de penser que, somme toute, il avait eu une bonne vie. À son enterrement, en l'absence de mon frère aîné, j'étais chargé de dire le kaddish. Mon père le faisait parfois, à des enterrements juifs, même quand il n'était pas la personne appropriée selon le rite, parce qu'il le connaissait par cœur et que les fils du mort n'étaient pas toujours dans ce cas. Je ne lisais plus l'hébreu que je n'avais appris que pour ma bar-mitsva, un ami qui venait de perdre ses parents m'avait donné une transcription

phonétique de la prière. Je lus donc des sons incompréhensibles en français mais auxquels la répétition
donnait un sens et une beauté comme un poème
solennel, ainsi qu'un de mes oncles, plus versé que
moi dans le judaïsme, me le fit remarquer quand
j'eus fini. En approuvant, je me rendis compte que
j'avais oublié de mettre ma kipa sur la tête. Elle
était restée dans ma poche d'où je la sortis pour
montrer mon imbécillité à mon oncle à qui ce geste
fit plaisir, il devait croire que j'avais fait exprès de
ne pas en avoir, par rébellion laïque, et préférait
que ce soit par stupidité, abrutissement, puisque
j'avais pris soin d'en emporter une. Au demeurant,
le nécessaire, religieusement parlant, était juste
ne pas avoir la tête nue comme je l'avais eue. Une
simple casquette aurait fait l'affaire.

## 7

« Mais on ne vous laissera jamais entrer, mes lapins », nous dit Michel un jour qu'il s'était habillé pour se rendre dans un bar plus hard que ceux que nous fréquentions et qu'Hervé et moi faisions mine de vouloir l'y accompagner. C'était pour rire parce que nous ne mélangions pas les genres et n'avions nulle intention d'y aller. Le terme « lapins » avait là sa connotation affectueuse habituelle à laquelle s'ajoutait une distance : nous ne faisions pas partie de ce monde, lapins que nous étions. Notre jeunesse ne nous serait d'aucune aide si nous ne satisfaisions pas au code vestimentaire requis. Qu'elle ne nous donne aucun privilège sur Michel nous avait plu comme la justice même.

J'avais constaté quelques années plus tôt que ce n'était pas exact. Lors de mon voyage à New York avec Gérard et Marc où je m'étais dépucelé du LSD, nous nous étions aussi rendus, une nuit, au Mine Shaft, un bar sadomasochiste gay alors si réputé que nous avions eu envie d'y voir le spectacle, même mes compagnons qui n'escomptaient pas y rencontrer qui que ce soit. Moi non plus, à vrai dire, je ne cherchais pas un coup. Malgré ma curiosité, j'étais apeuré tellement j'avais entendu dire que des scènes pour moi extravagantes s'y déroulaient, comme s'il y avait le moindre risque que j'y sois pris malgré moi dans un lieu où l'accord préalable était la règle. Nous avions eu des difficultés à trouver l'endroit. C'était au sud-ouest de Manhattan, près de Wall Street, sur les quais, dans les docks. Il était trois heures du matin, tout était désert. Il n'y avait pas plus mal famé mais l'ignorance éloignait l'insécurité, nous étions plus inquiets de nous orienter correctement ou de ce qui pourrait s'y passer une fois le lieu découvert que d'errer à l'aventure en pleine nuit. En définitive on était tombés dessus, on nous avait laissés entrer malgré nos jeans et nos T-shirts et on avait pu constater à l'intérieur qu'on était beaucoup plus jeunes que tous les hommes présents, et on n'était pas restés longtemps parce que l'animation de ce genre de lieu n'est excitante que si on est plus prêt à y participer que nous ne l'étions. Personne, en outre, ne s'intéressait à nous, notre qualité d'intrus sautait aux yeux. Même en tant que voyeurs, on n'était pas crédibles. Quand je le lui avais raconté, Michel avait été estomaqué qu'on ne nous ait pas claqué la porte au nez ainsi que lui l'aurait clairement fait dans un cas semblable, l'âge n'ayant pas à prendre le pas sur les pratiques.

Si je le tenais au courant de mes aventures avec une nécessité apaisante qui paraissait lui convenir, Michel était beaucoup plus discret. Je me souviens juste comme il m'a parlé de Daniel pour me dire que, après tant d'années, le sexe n'était certes plus l'élément principal de leur relation et comme ça m'avait rasséréné, ouvert des horizons. Et aussi comme, en m'accueillant rue de Vaugirard, un soir, il était encore sous le coup d'une séance de la veille où il avait ramené un jeune homme qui, à peine le rituel sm commencé, avait manifesté son approbation jouissive en déclarant : « C'est trop chou », après quoi, m'avait dit Michel rieur, lui-même n'avait pas pu aller plus loin. Malgré leur réputation, en tant que partenaires de jeux sexuels élaborés les lapins ne valaient rien.

Que je n'aie jamais fait l'amour avec Michel ni Hervé – c'étaient mes deux seuls amis avec qui ça s'était posé et ne s'était jamais réalisé – était somme toute un lien supplémentaire entre nous trois. Que le sida tue et celui avec qui je n'avais d'abord pas voulu coucher et celui qui n'avait pas voulu coucher avec moi m'interdisait de regretter les actes manqués. C'était une honte mais c'était ainsi.

Par des chemins détournés mais indiscutables, la mort de Michel m'avait conduit à rencon-

trer Bernardo et celle d'Hervé Rachid, et je n'en
revenais pas d'avoir pu perdre des êtres si proches
et en retrouver d'autres, et ça me touchait que
mes amours soient ainsi liées à travers les années.
Plus tard, je considérai que la mort de mon père
avait, elle, été un élément fondateur d'une relation désastreuse avec un garçon que j'appelai « ma
catastrophe adorée » et qui, malgré l'intensité et
l'intimité de notre lien, refusa toujours qu'on fasse
l'amour – avec moins d'affection que Michel et plus
de grossière volonté de puissance, il ne cessait de
me dire à sa façon, évoquant ses propres fesses : « Je
ne te laisserai jamais entrer, mon lapin. » Et alors
que, durant le temps de ce supplice, l'absence de
Michel se manifestait encore plus car je ne pouvais
pas l'appeler pour me sortir de là, jamais, naturellement, je ne regrettai mon père de cette manière.
Après l'enterrement de Michel, j'avais vu quelque
temps Gilles Deleuze, dont les mots prononcés à
la morgue m'avaient tant ému, et, une fois où je
lui disais comme mon père m'exaspérait parfois, il
m'avait rassuré en m'affirmant que c'était sûrement
réciproque. J'avais dès lors intégré cette réciprocité
éventuelle dans l'ensemble de mes relations mais,
pour les questions sexuelles et avec mon père, elle
n'existait que dans le cas d'un total silence mutuel.
N'était-ce pas à propos de l'amour, pourtant, que
la réciprocité aurait été la plus forte ? Mon père
n'aurait-il pas été fondé lui-même, si un vocabulaire

aussi impudique avait été son registre, à m'appeler moi sa catastrophe adorée?

En soumettant au fil des années sa magnifique lettre posthume à l'exégèse, je pouvais lire, dans sa demande de l'oublier, une sorte de volonté de repos post-mortem, pour lui et pour moi, sur le ton d'ados qui doivent être proches pour se dire « Oublie-moi un peu, s'il te plaît », « Lâche-moi ». J'avais trop tardé à lâcher vis-à-vis de ma catastrophe adorée, et j'en aurais été une à ses yeux non par mes manques propres mais par une sorte de *double bind* propre à la paternité, où l'enfant soit ne fait pas ce qui était souhaité pour lui et ça passe par la déception, soit il le fait et ça passe par la soumission. Le père des sœurs Williams, qui a toujours voulu faire d'elles les championnes de tennis qu'elles sont devenues, n'estime-t-il pas, parfois, qu'elles auraient été encore plus fortes de l'envoyer faire foutre à cinq ans, lui et ses raquettes? Ou considère-t-il qu'elles ont fait preuve d'une puissance encore plus grande en réalisant un rêve qui n'était à l'origine même pas le leur? Quant à son espoir d'avoir des petits-enfants de mon fait, mon père avait en tout cas déchanté assez vite. Même son talent dans la discussion serait impuissant à me convaincre. C'est ce qu'il avait compris quand il avait déterminé que je ne voulais pas me marier, quand je ne savais pas encore que je me disais à moi-même (mais lui l'avait entendu comme Michel) : « La paternité, je ne t'y laisserai jamais entrer, mon lapin. » Dès lors, ma vie sexuelle ne l'intéressait plus, lui épargnant mille inquiétudes. Il regrettait juste les éventuels dommages que mes livres, en évoquant le sujet, pouvaient créer dans la respectabilité familiale. Ma sexualité littéraire était le problème.

J'ignorais encore que la part de la sexualité dans son œuvre était si explicite que, de tous les écrivains qui venaient dîner chez mes parents quand j'étais enfant, celui dont je préférais la présence était Alain Robbe-Grillet, parce que c'était alors que j'étais le moins intimidé. Je le ressentais comme le seul à avoir avec mon père, en plus de tout le reste, une relation de camaraderie, ce qui était d'autant plus justifié qu'ils avaient à peu près le même âge, qu'ils avaient travaillé ensemble à faire des éditions de Minuit ce qu'elles étaient devenues, avaient partagé jeunes hommes quelque chose d'important de leur vie. Ça m'avait plu, bien après, quand Michel avait cité Robbe-Grillet en premier dans ces auteurs à l'aise dans leur travail, instituant avec celui-ci le rapport qui convenait le mieux, ces mots ayant pour moi un sens personnel tenant à la figure d'Alain lui-même. Il était aussi le seul écrivain de Minuit dont nous connaissions la famille, non seulement sa femme mais sa sœur et même ses parents. Dans sa trilogie des *Romanesques* autobiographique à sa manière, Robbe-Grillet évoque

sa mère désormais morte et dit réentendre sa voix.
J'avais été bouleversé en arrivant à ces lignes car,
les lisant, j'avais alors moi aussi réentendu la voix,
aussi particulière que celle d'Alain, de cette femme
que je ne me souvenais d'avoir rencontrée que cinq
à dix fois. Je n'avais jamais pensé lire l'autobiogra-
phie d'un écrivain sexagénaire et me souvenir de
sa propre mère, c'était comme comprendre à quel
point la littérature était de toute éternité liée à ma
vie, pas seulement par les textes mais par la vie
même.

Je connaissais depuis toujours quelques
phrases de Mme Robbe-Grillet mère devenues
légendaires dans la famille. L'année de ma naissance, était paru *Le Voyeur*, le deuxième roman
publié de son fils dont un éventuel crime sexuel est
l'élément central de l'intrigue. Elle avait alors dit à
ma mère : « C'est vraiment un très beau livre. Le
seul défaut que je lui trouve, c'est que ce soit Alain
qui l'ait écrit. » À ma mesure, je fus rapidement
aussi un écrivain parlant de sexe, mais confronté à
des parents de ce point de vue plus conformes à la
norme et peu pressés de démêler dans leur appré-
ciation de mes textes ce qui tenait à la littérature et
ce qui tenait à moi. Lors de la publication de mon
premier roman, mon conflit avec mon père avait été
dénoué quand il s'était résolu à faire lire anonymement mon manuscrit à Robbe-Grillet et qu'Alain
avait fait montre d'un enthousiasme qui m'avait

réjoui. Mon affection enfantine pour lui perdurait
aussi justement parce qu'il était, avant que je ne
sois entouré d'amis, l'être avec lequel il m'était le
plus simple de parler de sexe. Lecture faite, il avait
été le seul à oser m'interroger, et avec une désinvolture que trop sincère, sur le caractère autobiographique des pratiques immondes que je mettais
en scène. Et si l'homosexualité n'était pas son goût,
il m'avait expliqué pourquoi il en était si sûr d'une
manière qui permettait d'évoquer ensuite le sujet
le plus banalement du monde. Après l'affaire du
manuscrit, il ne cessait, lorsque je le voyais en présence de mon père ou de ma mère, de multiplier les
allusions à la beauté de garçons dont il savait que
je les connaissais et qu'il ne faisait apparaître qu'à
cette intention dans sa conversation, me demandant mon opinion sur tel ou tel, si je connaissais
bien celui-ci ou celui-là, vraiment bien, c'est-à-
dire évoquant avec enjouement le fait que nous
soyons ou ayons été amants. Il se conduisait peu
ou prou avec mes parents comme Hervé et moi le
ferions avec Michel en partance pour son bar sm
mais le rapport n'était pas le même et mes parents
y répondaient moins affectueusement que Michel,
n'y répondaient pas du tout. Le mot n'avait jamais
trop fait partie de leur vocabulaire mais ce n'était
certes pas en ces circonstances que je serais devenu
leur lapin. Alain s'amusait de leur gêne comme
d'un bon tour. Lui aussi, même octogénaire, a tou-

jours personnalisé pour moi quelque chose de la jeunesse.

En outre, la sexualité liait à mes yeux mon père et Alain, les sous-entendus me concernant avaient eux-mêmes des sous-entendus plus vastes quand ma mère était présente. Aux heures littérairement les plus combatives des éditions de Minuit, ils avaient fait ensemble des voyages dont je supposais qu'ils avaient parfois tourné à la virée hétérosexuelle. J'avais été mal à l'aise quand, tout jeune homme, j'avais déjeuné avec mon père et un de ses amis d'adolescence et que celui-ci avait parlé de leurs aventures communes, je ne l'étais pas en les imaginant partagées avec Alain. Sa femme Catherine publia après la mort de mon père un journal d'alors d'où il ressortait que les liens sexuels avec les Robbe-Grillet dépassaient mes imaginations précédentes. Elle avait déjà fait paraître du vivant de mon père un livre rendant compte de ses expériences sadomasochistes et était venue le défendre à la télévision, à « Apostrophes », voilée, anonyme et identifiable. Cette espèce de publicité pour le sadomasochisme avait été mal reçue chez mes parents, au titre qu'elle contrevenait aux valeurs de discrétion plus que comme atteinte à la morale. Je n'étais pas loin de penser pareil. Mais quand, à soixante-dix ans passés, Catherine monta sur scène pour un spectacle dont le sadomasochisme était le centre et à partir duquel fut gravé un disque, je fus esto-

maqué – ce manque de tact était pour moi admirable. À tort ou à raison, j'imaginais que Michel
aurait été impressionné aussi, qu'il aurait peut-être
ri mais son rire n'était pas forcément moqueur, qui
sait s'il n'aurait pas avancé sa lèvre inférieure dans
le même mouvement séduit qu'il avait eu pour
apprécier le réquisitoire d'acquittement inattendu
de mon grand-père?

Robbe-Grillet écrit aussi dans *Les Roma-*
*nesques* que mon père, quand il l'a connu, ne cessait
de raconter une histoire qu'il était le seul à trouver drôle et qui laissait tout le monde mal à l'aise.
C'est un père qui fait sauter son enfant dans ses
bras, de plus en plus haut, toujours le rattrape au
dernier moment à la joie de l'enfant, puis le jette
d'une hauteur considérable et, au dernier moment,
ne le rattrape pas afin de parfaire son éducation et
que l'enfant sache qu'il ne faut jamais se fier à personne. Je n'avais jamais entendu cette histoire avant
de la lire. Plus tard, je mis sur le même pied l'absolu
manque de confiance en l'autre de mon père et son
absolue prudence, désolé de ce qu'avait dû être son
éducation. Il lui arrivait parfois de gérer sa relation avec moi par des lettres qui ressemblaient à
des actes notariés, ce qui n'était pas un coup de
fouet pour les épanchements. Et pourtant, toute
mon enfance, j'avais le sentiment d'être son préféré. C'est de lui que j'ai tiré, par mimétisme ou par

inversion, ma nécessité d'une confiance sentimentale pleine et entière sans quoi une relation, trop incertaine, trop combative, ne me convient pas.

J'avais tout de suite été convaincu quand Michel m'avait dit trouver souvent une bassesse dans les aphorismes des moralistes. Et celui qui m'était instantanément venu à l'esprit était la phrase trop évidente de La Rochefoucauld selon laquelle « il est plus honteux de se défier de ses amis que d'en être trompé ». Ce qui plaisait à Michel dans une relation était sa singularité et sa stratégie consistait à en soutenir l'originalité. Le connaître me facilita à la fois l'usage et le non-usage de mon sexe. À l'opposé du fameux aphorisme de La Rochefoucauld assurant que certains êtres n'auraient jamais été amoureux s'ils n'avaient jamais entendu parler de l'amour, il est parvenu à faire en sorte que je puisse être amoureux sans le savoir, parce que je n'avais jamais entendu dire que l'amour pouvait être ça, et en goûter les avantages quand même, ne rien manquer du fait de mon ignorance. La volonté de pouvoir obsessionnelle de mon père limitait en fait sa liberté, ne serait-ce que celle de laisser vivre, léger, démocratique, son lien avec moi, suivant le même raisonnement qu'il avait en m'assurant qu'un journal avec deux cent mille abonnés pouvait bien être financièrement plus indépendant qu'un autre qui n'en avait aucun, mais l'était quand même moins parce qu'il devait désormais prendre soin de ne pas

perdre ce qui était devenu un portefeuille de lecteurs avec la publicité afférente (et il était fidèle à
cette ligne en empêchant que son expansionnisme
personnel ne déteigne sur la taille des éditions de
Minuit, préférant toujours se trouver plutôt de nouveaux combats). Alors qu'une des choses les plus
fascinantes en Michel était d'être l'inverse d'un
colonisateur – je ne pouvais pas avoir avec lui une
relation paternelle puisqu'il était le contraire d'un
père. Il n'avait jamais à mater, fût-ce dans l'œuf, la
révolte d'un soi-disant colonisé.

Quand Michel était à l'hôpital et qu'on ne
savait pas encore qu'il n'en sortirait que pour la
morgue, Daniel avait assisté à une discussion avec
son éditeur où Michel avait oublié le titre d'un de
ses propres livres et se démenait pour essayer de
masquer ce manque afin de ne pas l'inquiéter. Or
le texte en question était *Ceci n'est pas une pipe*, en
référence au tableau de Magritte où cette phrase
apparaît sous la représentation d'une pipe et qui
m'a toujours fait penser à Robbe-Grillet parce que
cette problématique graphique a à voir avec celle,
narrative, théorisée par le Nouveau Roman. Daniel
en avait fugitivement tiré la conclusion, pourquoi
pas? que cet oubli provenait de la conviction de
Michel d'avoir attrapé le sida lors d'une fellation
dans un sauna de San Francisco, puisqu'il profitait
de ses invitations aux États-Unis pour y fréquen-
ter ces établissements, y conservant un anonymat

qui les lui rendait plus agréables qu'en France où sa célébrité le faisait immédiatement identifier. Ses livres lui avaient donné une réputation et un pouvoir dont il cherchait à contraindre les effets, les extraire de sa vie quotidienne. Il en disait toujours trop en disant son nom et même en ne le disant pas.

Après avoir lu le manuscrit de mon premier roman qui allait faire tant d'histoires avec mon père, Michel m'avait parlé de la liberté sexuelle qu'il y trouvait. Je lui avais répondu que, malheureusement, mon corps n'était pas de ce point de vue au même niveau. C'était un petit aveu mais Michel dit juste « Bien sûr », du genre « Ce serait trop facile », comme si c'était l'évidence même qu'il fallait se donner autrement plus de mal que ça pour libérer aussi son corps. À la même époque, comme Alain Robbe-Grillet s'entremettait entre mon père et moi, je lui parlai du puritanisme de mon géniteur et le mot le surprit, nullement adéquat à son point de vue. Plus tard, quand nos rapports se furent stabilisés, j'eus exceptionnellement une discussion intime avec mon père où je lui dis me sentir puritain en mille occasions. « C'est très important pour moi de savoir ça », me répondit-il mystérieusement mais avec satisfaction.

Du temps que je m'occupais de la revue *Minuit*, je passais aux éditions le dimanche après-midi pour y lire les textes reçus. J'y étais absolument seul. Le bureau que j'utilisais au troisième étage, pièce d'une dizaine de mètres carrés qu'avait habitée quelque temps Robbe-Grillet quand il était jeune, était voisin de celui de mon père. Un jour, je suis entré dans celui-ci pour faire les cent pas et me suis en définitive assis sur le canapé de cuir à l'usage duquel je n'avais jamais réfléchi et placé non en face, où il y avait des fauteuils, mais à côté de la place où se tenait mon père quand il était là. Je ne connaissais pas encore Michel dont j'apprendrais qu'il en savait de longue date les charmes et, pourtant, cette texture m'a tenté. Elle était si bonne sous mes mains que, pour toucher plus efficacement cette peau animale, j'ai baissé mon pantalon afin que mes cuisses en profitent. Ça persistait à être concluant. Alors je me suis mis entièrement nu pour mieux la goûter, anxieux que quelqu'un qui n'aurait pu être que mon père surgisse et rassuré par l'étage qui me laisserait du temps pour réagir. J'ai mené sans encombre à mon terme une excitation dont m'échappaient les tenants si l'aboutissant ne fut satisfaisant qu'un instant. Rhabillé, je me sentais honteux de moi-même, rabougri, le contraire d'épanoui. Plus jamais je ne ferais une chose pareille que j'aurais cependant eu bien du mal à définir. Désormais, en plus des rencontres personnalisées, je connaîtrais les *backrooms*, caves obscures à l'architecture moins plaisante que leur population et où l'homosexualité se pratiquait cependant au grand jour (ou à la grande nuit), cette homosexualité que Michel entre tous m'aiderait à construire de telle sorte qu'elle soit en définitive à la fois mon plaisir et mon refuge, mon ouverture et mon repli, mon terrain de jeu et mon terrier.

## 8

Lorsque j'étais adolescent, mon père, un jour, s'en prit devant moi à Michel Foucault. Il lui reprochait d'avoir cité *L'Innommable* dans son discours de réception au Collège de France sans avoir prononcé le nom de Beckett. Dans le texte écrit, les phrases sont entre guillemets et il n'y a pas le moindre doute que Michel ne cherchait pas à se les approprier. Mais, à l'époque, je ne le connaissais pas et n'avais pas la moindre raison de le défendre. Au contraire, abonder dans le sens de mon père me semblait le minimum dû non seulement à l'affection filiale mais à l'image que j'avais de lui, c'était aussi pour mon bien. Je saisissais que les critiques de mon père provenaient de ce que Foucault n'était pas publié aux éditions sans pour autant pouvoir être tenu pour quantité négligeable. Ce que j'appelle parfois une volonté de toute-puissance de mon père, c'est aussi bien une quête de perfection. Développant ma réponse dans le sens

que je pensais pouvoir le plus lui plaire, non pas
pour le flatter mais pour le consoler, le réconforter,
pour que ce manque cesse d'en être un, j'en arrivai
à dire : « Est-ce que Sam connaît seulement le nom
de Michel Foucault ? » Je croyais bien faire mais le
visage de mon père prit une expression exaspérée
familière. J'avais passé la mesure, comme faisait
parfois ma mère dans le même but que moi et avec
le même résultat quand, pour mieux manifester son
soutien à mon père, elle lançait contre son adversaire du moment une critique si invraisemblable
que son efficacité était pire que nulle, de même
qu'humilie un compliment prononcé en dépit du
bon sens.

Mon frère me dit une fois que notre mère parlait
des romans comme si c'était la vie même et de la
vie comme si elle était un roman, et ce reproche
m'avait paru m'être applicable en mille occasions,
mille émotions. Je ne voulais pas dire, par ma
question, que Sam était un analphabète mais qu'il
se situait à un tel niveau qu'il était inaccessible
à des célébrités d'ordre inférieur. À la maison, il
était une sorte de divinité qui, malgré la proximité
qu'on acquérait avec lui, touchait à une abstraction
et c'était dans l'ordre des choses que les dieux ne
soient pas nécessairement au courant des aléas de la
vie éditoriale et intellectuelle. Mais, pour mon père
qui, lui, avait avec Sam des contacts courants et
affectueux – qui aurait les larmes aux yeux quand il

me raconterait, après m'avoir annoncé sa mort, que
Sam, à la fin, lui avait baisé la main, alors qu'il était
clair pour mon père que ce n'est que dans l'autre
sens que la reconnaissance avait motif à s'exercer –,
il n'était aucunement une divinité mais bel et bien
un être humain, fût-ce d'une qualité exceptionnelle.
Il lisait les journaux et des auteurs contemporains,
évidemment qu'il connaissait Foucault. J'étais trop
bête.

C'est aussi que les écrivains étaient pour moi
une race bénie. Les philosophes pouvaient faire
feu de toute leur intelligence, seuls les bons écrivains atteignaient un autre monde, selon un pré-
supposé peut-être ridicule mais mon ambition de
la rejoindre m'interdisait de mettre en doute la
valeur de cette communauté. Michel me raconta
plus tard qu'un grand écrivain du XX$^e$ siècle, exprimant devant et contre lui cette même assertion
adolescente, il avait juste répondu « Oui », laissant
entendre que les autres, aussi misérables fussent-ils
d'être privés de cette grâce, avaient le droit de vivre
et travailler cependant. À l'époque, les auteurs
que je connaissais m'étaient comme mes parents :
je ne les avais jamais rencontrés, ils étaient là depuis
toujours. J'étais plus familier avec leurs œuvres que
la plupart des adolescents puis jeunes hommes de
mon âge mais, en tant que personnes, ils étaient
surtout les invités des dîners à la maison et, dans
ce cadre familial mais solennel, ils relevaient d'une

magie. Elle était renforcée par le fait qu'ils étaient liés à mon père hors de l'appartement, dans ce qui était son travail, c'est-à-dire encore un autre monde. Tous ces êtres d'exception, c'était en tant qu'écrivains qu'ils coupaient leur viande, se laissaient servir du vin ou reprenaient du dessert, tels des extraterrestres que seul leur lien avec mon père retenait certains instants sur Terre. Je devais à la fois être conscient de ma chance de les connaître et prendre soin de ne pas en profiter. Il ne fallait pas me faire remarquer, agir contre mon intérêt qui était officiellement inclus en cette circonstance dans celui de mon père. Michel Foucault était quelqu'un qui n'était jamais venu dîner, dont Minuit n'avait publié aucun livre. Ma question était juste une manière de lui en faire payer le prix.

Quelques semaines après la mort de mon père, le Syndicat national de l'édition organisa un hommage où Jacques Chirac prit la parole en tant que président de la République. En tant que fils, je lui fus présenté et, à cet instant, un garde républicain arriva à grands pas devant lui, se mit au garde-à-vous puis lui tendit une enveloppe que le Président saisit sans un mot. Pendant une seconde, j'en fus choqué comme d'une grossièreté. J'avais souvent la même réaction quand je rendais visite à mon père aux éditions, je le trouvais avare de « s'il vous plaît » et de « merci » avec sa secrétaire ou n'importe quel

salarié. Surtout quand j'ai commencé à travailler à
*Libération* où même la plus haute hiérarchie pouvait
se faire insulter par la piétaille, son ton avec ses
employés me semblait d'un autre temps. Lorsque,
dix-huit mois avant sa mort, les éditions de Minuit
firent une moisson de prix littéraires comme jamais,
plusieurs salariés de la maison prirent la peine de
lui dire qu'ils étaient contents pour lui et, pour qu'il
me le raconte, il fallait qu'il en ait été ému. Être
de plain-pied avec la littérature ne l'empêchait pas
d'être un patron et d'essayer d'être le meilleur possible – ce qui me frappait était une évidence.

Tout flatté qu'il aurait pu être, je pensais que
mon père aurait été choqué que le président de la
République fasse pour lui ce qu'il ne ferait pour
aucun de ses auteurs. Le marché ou l'histoire littéraire pouvaient rendre hommage à un éditeur, ou
chaque écrivain soi-même, pas le pouvoir. Plus de
dix ans plus tôt, j'avais lu la correspondance entre
Proust et Gaston Gallimard où l'écrivain martyrise
l'éditeur coupable que sa maison ait refusé *Du côté de
chez Swann* quand bien même elle se passionne pour
la suite de la *Recherche*. Le livre m'avait tellement
plu que je l'avais prêté à mon père qu'il avait mille
raisons d'intéresser. Il me le rendit, heureux de cette
lecture, en me disant : « Mon admiration pour Gaston Gallimard a encore augmenté. Parce que moi, ce
Proust, je l'aurais envoyé faire foutre. » Et ç'avait été
un peu comme Beckett flanquant les manuscrits au

vide-ordures pour lui, une totale surprise mais qui m'avait réjoui. Comme si le triomphe de la littérature, très bien, mais pas au point de se faire emmerder. Le premier analphabète venu sachant qu'on ne peut pas considérer Proust comme une daube infâme, c'était l'affectation inverse d'un combat en faveur de la pureté de l'écriture, avoir raison ou tort devenait le cadet de ses soucis. Ça ne méritait pas que le président de la République se déplace. Il est vrai que c'était juste une phrase, jamais il n'aurait un manuscrit de Proust à lire en avant-première, mais ça compte, les phrases, quand on parle à un fils.

Michel m'avait dit, un jour où je devais pousser devant lui les pions de Minuit, qu'il n'avait pas de snobisme d'éditeur : bien sûr, puisque n'importe lequel aurait fait des pieds et des mains pour le publier et que ce n'était pas chez le plus méprisable que paraissaient ses livres. J'apprenais auprès de lui un autre rapport auteur-éditeur, d'autant que, les années passant, il me parlait volontiers des aventures de ses publications. Généralement, la rancœur ou l'envie expliquait les opinions de ceux qui évoquaient prétendument théoriquement le rôle des éditeurs devant moi et je n'avais guère de conclusions à en tirer. Ces sentiments n'avaient pas leur place quand c'était Michel qui m'en parlait. Une histoire pour une réédition d'un livre ancien lui tenait à cœur. Il se sentait roulé parce qu'un éditeur profitait abusivement d'un contrat et il n'arrivait à rien faire contre parce qu'il avait perdu son exemplaire de ce qu'il avait signé et que l'éditeur le savait. Sa seule ressource avait été de dire à celui-ci sa manière de penser : « Vous êtes un crachat. » Et naturellement que je ne reconnaissais pas mon père dans cette définition, il était pour moi hors d'atteinte de toute insulte justifiée.

Après le succès de *L'Amant*, Marguerite Duras et mon père se fâchèrent. Une collègue du journal interviewa celle-ci à la sortie d'un de ses livres suivants et me raconta ensuite, avec délicatesse pour que je ne risque pas d'être humilié, ce que Duras déversait sur mon père. « Elle me disait que c'était un voleur », me dit cette consœur. « Elle regarda mes mains à ce moment-là. "Vous avez une très belle bague, et très précieuse, je suppose", dit-elle. "Vous allez voir Jérôme Lindon? Méfiez-vous." » L'idée que mon père, tel un pickpocket, allait délester ni vu ni connu ma collègue de sa bague avant de la refiler à un receleur, à moins qu'il ne soit supposé avoir lui-même sa propre filière d'écoulement du butin, ne me vexa aucunement parce qu'elle me fit rire. Je regrettai au contraire que les phrases n'apparaissent pas dans l'article où je ne les voyais pouvoir jouer qu'en faveur de mon père. Aussi rusé qu'il pût être avec cette notion, il était pour moi l'honnêteté même – filou, avec ce que ça contient de ludique, était le reproche maximal envers lui que j'étais prêt à concéder. Lorsque j'étais plus jeune, il m'avait dit, fort de son expérience, qu'il fallait toujours bien se conduire car c'était le plus commode et j'avais eu toute confiance en sa compétence parce que, comme pour moi à sa suite, la commodité lui était une vertu cardinale.

Provoquées par ses centres d'intérêt et ses prises de position, les haines et les jalousies contre Michel étaient plus rationnelles. Elles m'étaient pourtant incompréhensibles parce que je trouvais que la planète entière aurait plutôt dû manifester sa reconnaissance d'accueillir un être d'une telle valeur. Pour moi, il aurait pu écrire, comme Victor Hugo : « Je me suis étonné d'être un objet de haine, / Ayant beaucoup souffert et beaucoup travaillé. » Je ne crois pas qu'il l'était, étonné, mais moi oui, étonné et indigné. Le dévouement de Michel à son travail alors même qu'il était cet auteur universellement reconnu contribuait à en faire une sorte de symbole à défendre indépendamment de mon amour pour lui, un Sam d'une autre génération et avec qui ma proximité serait autre. « Est-ce que Michel se soucie seulement d'Untel ou Untel ? » aurais-je pu demander maintenant avec la prescience que malheureusement oui et que ce qui est méprisable n'est pas toujours méprisé à sa juste absence de valeur. Comme avec mon père, je détestais avoir à le défendre, parce que, s'il n'y avait pas suffi par sa propre existence, mon aide – ma conviction, mon admiration, mon amour – serait un maigre argument.

Une phrase me trotte dans la tête : « l'argent fut la moindre de ses générosités. » L'argent est évidemment un des liens entre l'auteur et l'éditeur. Mais mon père souhaitait une telle charge symbolique dans le fait d'être édité par Minuit que la rémunération devait rester secondaire. Il se battait pour chaque livre qu'il publiait, était heureux de pouvoir verser le plus de droits d'auteur à chacun mais ça n'était pas destiné à être l'élément premier de leur rapport, il ne fallait pas que l'écrivain compte trop tôt dessus – c'est peut-être tout à fait faux mais c'est ainsi que je l'ai reçu. L'argent relevait du pouvoir et de la délicatesse.

Une année, quand les coups de fil à l'étranger semblaient encore la chose la plus dispendieuse du monde, j'allais être rue de Vaugirard le jour de l'anniversaire de Thierry qui était alors lui-même à Manille, dans son tour du monde qui se finirait en Australie, et Michel m'avait dit de, bien sûr, appeler de chez lui. J'acceptai après avoir protesté modérément et, le jour dit, parlai trois bons quarts d'heure avec Thierry. Je n'avais aucun scrupule parce que, si j'avais accepté si facilement d'appeler de la rue de Vaugirard, c'est que ma décision était déjà prise : je rembourserais Michel en virant la somme correspondant à l'appel sur son compte bancaire dont des relevés traînaient souvent sur la grande table de l'appartement. J'avais agi avec la même prétention de raffinement idiote que les grands-tantes du narrateur, dans la *Recherche*, remerciant Swann d'une façon incompréhensible pour tous. Hervé, souvent exaspéré par ce qui lui semblait l'avarice de mon père, me prêtait parfois la même, m'amenant à soupçonner que Michel aussi. Si bien que, quelques semaines plus tard, déjeunant avec Alain, cet ami qui n'avait pas partagé un acide avec nous pour accompagner Michel dans cette diète, je lui racontai. « Ah, me répondit-il, mais, naturellement, je ne vais pas le répéter à Michel. » « Naturellement », répondis-je alors que je n'avais parlé que dans cet espoir, soudain conscient de l'impossibilité, plus honteux encore de ma tentative que de son échec.

Plus tard, à l'initiative d'Hervé, on invita tous les deux Michel à dîner au restaurant et, au moment de l'addition, Hervé sortit une carte de crédit et paya tout. Michel le remercia et je restai comme un imbécile, remboursant Hervé de la moitié de la somme dans l'intimité de notre dîner suivant où il répondit avec désinvolture à mon reproche. J'avais avec l'argent la même délicatesse excessive, c'est-à-dire le même manque de naturel, que pour les relations humaines, comme s'il relevait d'un autre monde, qu'il appelait une conduite parfaite. J'étais empêtré dans les signes, prenant garde de ne pas en faire trop. À la mort de mon père, lorsqu'il fut question d'héritage, je perçus comme son sens de l'économie – un homme chargé d'un audit pour estimer la valeur des éditions de Minuit déclara, pince-sans-rire, que la maison était tellement bien gérée que c'était un problème, qu'il serait impossible de faire la moindre économie en cas de besoin, et j'ai immédiatement pensé que cette manière de dire aurait plu à mon père – était déconnecté de tout gain personnel. Il voulait que la maison ait des réserves en cas de crise où il les aurait dépensées pour en sauvegarder l'indépendance. Les éditions de Minuit avaient pour lui une valeur considérable mais pas financière puisque jamais il ne les aurait vendues, alors que sa mort en transformait pour moi une partie en véritable argent.

Ce n'est aussi qu'en lisant *Jérôme Lindon* de Jean Echenoz que j'appris que mon père, lorsque *Les Champs d'honneur* de Jean Rouaud reçut le prix Goncourt, versa une prime à « un certain nombre d'auteurs de la maison » parce que « ce succès, à ses yeux, ne serait pas complet si nous n'y participions pas », et renouvela les chèques quand Jean Echenoz à son tour obtint le Goncourt. Et je regrettai d'autant plus de ne pas l'avoir su du vivant de mon père que j'étais toujours choqué par le fait qu'une maison d'édition était financièrement plus vouée à ses employés qu'à ses auteurs, qu'il y avait toujours dans chaque entreprise, qu'elle fût minuscule, moyenne ou immense, plus de salariés vivant de leurs salaires que d'auteurs de leurs droits d'auteur.

Comme je disais à Michel que je n'aimais pas parler de ce que j'écrivais parce que j'avais peur, si je le faisais, de ne jamais l'écrire ensuite, par une superstition qui avait au demeurant des origines familiales – puisque, les rares fois où Minuit avait annoncé sur un livre des livres du même auteur à paraître, ils n'étaient pas parus –, il s'avéra que ce sentiment lui était familier. Il s'en voulait, me dit-il, de ne pouvoir s'empêcher qu'apparaisse sur son visage une expression accablée chaque fois que Daniel évoquait son propre travail à venir, expression qui provenait de ce que cette annonce lui laissait craindre que le livre ne soit jamais écrit. Mais ce qui l'accablait à retardement, quand il le racontait, était sa crainte que Daniel n'interprète sa réaction comme une sorte de censure, de jugement sur les idées qui venaient d'être développées. Et ce raffinement excessif de Michel me renvoyait à mon rapport à l'argent parce que, indépendamment de la réalité brute, il le rapportait à un manque de générosité. Et manquer de générosité, pour lui, était comme manquer d'intelligence, il aurait eu toute raison d'être surpris que ça lui tombe dessus.

Inconsciemment, j'avais dans mon enfance développé un don qui ne m'a jamais quitté, celui de repérer l'étoile de Minuit sur la tranche d'un livre dans une bibliothèque et de reconnaître la composition d'un texte de la maison quand quelqu'un

lisait à côté de moi dans le métro ou le train. Si
je ne prétendais à aucune responsabilité dans leur
succès, j'avais envers les éditions un lien qui s'expri-
mait ainsi. Et, soudain, j'ai eu la même compétence envers le nom Foucault, qui me saute encore
aujourd'hui aux yeux dans un article ou sur des
étagères pleines de livres, comme si j'étais depuis
toujours entraîné à l'apercevoir. Le lire ressuscite
quelque chose de moi. Beckett lui-même aurait
moins mérité son piédestal s'il ne les avait pas
connus, ce nom et les textes de celui qui le portait.
Il avait beau avoir été longtemps proche de James
Joyce, lui n'avait jamais rencontré Michel. Sur ce
coup, Sam avait été moins talentueux que moi.

## 9

Dans un cocktail d'une maison d'édition, un soir, j'étais tombé sur mon père en conversation avec un ministre en exercice. Pour ne pas s'interrompre, il avait feint de ne pas me voir, jusqu'à ce que le ministre me remarque et l'interrompe lui, sans doute pour ne pas manquer de respect à un journaliste qui plus est fils d'un tel éditeur. J'étais toujours surpris que mon père soit sur ce point comme le savant Cosinus, plein d'égards exagérés pour des hommes politiques dont j'estimais, et lui-même devait en être encore plus convaincu, qu'ils ne lui arrivaient pas à la cheville. Mais sans doute voyait-il son intérêt, ou celui de l'édition et de la littérature, à se conduire comme il l'avait fait en m'effaçant de sa vue, ce qui ne faisait en outre rien d'autre que sanctionner un rapport de domination où avoir le dessus lui servait uniquement à se permettre une telle grossièreté. Puisque le mieux qu'on pouvait apprendre à son fils était l'indépen-

dance, il n'y avait rien que de pédagogique à lui
en faire une démonstration. Il aurait fallu que je
résiste mais je répugnais aux conflits parce que je
les menais jusqu'à leur terme, obsessionnellement
comme lui, si bien que je préférais ne pas les commencer. L'indifférence m'était une stratégie ainsi
que, souvent, l'inétonnement. Je sélectionnais les
choses au bout desquelles il m'était nécessaire
d'aller.

Mon frère me raconta que, comme il lui avait
demandé un jour des comptes sur ses relations
avec ma mère, mon père lui avait répondu : « Ma
vie de couple ne te regarde pas », à quoi mon frère
avait rétorqué à son tour : « Mais ton couple, c'est
ma famille » – jamais je n'aurais pu poser une
telle question : mon père et ma mère, ça ne me
regardait pas. Je n'avais rien à en savoir. Quand
je passai quelque temps chez un ami qui raffolait
des jeunes garçons, de sorte qu'il en défilait chez
lui sous les yeux de son fils qui finissait par en
être frappé, il m'avait un dit un jour, évoquant
celui-ci et au bord de l'exaspération : « De quoi
il se mêle ? J'ai l'impression qu'il veut régenter
ma vie privée. » Si j'avais interrompu mon père
pour lui dire bonsoir, ce qui l'aurait énervé aurait
sans doute également été une atteinte à sa vie privée, une intrusion que rien ne justifiait alors que
la fonction ministérielle de son interlocuteur
manifestait assez qu'il était question d'affaires

sérieuses. Sam avait un jour dévoilé que Joyce lui avait dit quelque chose comme : « Rien n'est plus important que la famille » dans des circonstances et sur un ton destinés à le maintenir à distance, et nous avions tous été indignés contre l'auteur d'*Ulysse* en l'apprenant. Mon père, compétiteur intrépide qui ne comptait pas écrire de meilleurs livres que Joyce, était bien décidé à le surpasser en n'accordant pas explicitement une importance exagérée à une famille qu'il passerait pourtant les dernières années de sa vie à tâcher de constituer, dès qu'il serait trop tard.

J'avais quand même trouvé que mon père y allait fort, lors de cet épisode ministériel, d'autant plus que, quelques années auparavant, Michel avait eu un rendez-vous avec le même homme qui était déjà en poste et me l'avait raconté avec un sourire jusque-là, disant : « Il avait déjà dû se faire traiter de con, mais jamais encore dans son bureau du ministère. »

Quelques années plus tôt, j'avais voyagé une journée avec le ministre que Michel trouvait si bête, invité en compagnie de deux ou trois autres journalistes. Il s'agissait de l'accompagner dans un bref voyage en Allemagne où il devait prononcer un discours et revenir l'après-midi même. Mon père avait pour moi une satisfaction sociale à ce que je fasse partie de cette équipée ministérielle et j'avais été amusé comme un vilain garnement de me rendre dans les toilettes du petit avion militaire du gouvernement français, où des appelés tenaient lieu d'hôtesses de l'air, afin d'y sniffer quelques lignes d'héroïne. Michel, à mon retour, m'avait cependant douché de toute velléité de fierté rebelle en estimant que je n'aurais jamais dû faire ce voyage (je n'en ai jamais refait de ce type) : « Un journaliste, oui. Un écrivain, non. » Je venais de publier mon premier roman mais je ne saisissais pas bien encore ce qu'était un écrivain. Si ce texte avait provoqué un conflit avec mon père et que le deuxième allait faire de même, à moyen terme je me retirais du rapport tel que le lien père-fils l'avait institué, la relation était déplacée et la domination de mon père pouvait désormais s'accroître arithmétiquement parce qu'il n'y avait plus personne de mon côté (en vérité, un peu quand même) pour y résister, plus de combat possible, parce qu'il conquérait un territoire que j'abandonnais afin de m'installer dans un autre plus à mon goût où, malheureusement pour les bonheurs supplémentaires que l'un et l'autre aurions pu extraire de nos liens, je devenais inaccessible.

Mon père avait toujours l'ambition d'ajouter Michel à la liste de ses auteurs et supposait que mon amitié avec lui pouvait faciliter l'affaire. J'aurais été heureux que ça se produise. Michel l'avait ren-

contré aux éditions après avoir vu et tant aimé
le film de mon frère, mon père en ayant tiré un
rendez-vous où il espérait le convaincre de lui donner un livre, ce sur quoi Michel ne s'appesantit pas
avec moi. Il me raconta plutôt que mon père avait
développé une théorie à partir du travail d'Hervé
et de celui de mon frère. Et Michel ajouta que ce
discours lui avait paru tout à fait faux, mais il le dit
avec indifférence, presque regret, plus sensible au
goût de mon père qu'à ses explications. Devenir
écrivain m'éloignait de mon père et me rapprochait
de Michel. Mon idée était que mon père avait eu
des réticences envers mon travail mais parce que
j'étais, moi son fils, l'auteur, c'est-à-dire pour une
mauvaise raison. À sa manière, Michel me fit comprendre que c'en était une bonne, du moins une
recevable un temps quand bien même elle n'était
pas exprimée. De fait, il aurait suffi que je propose d'emblée mon premier manuscrit à un autre
éditeur pour que rien ne se pose. Mais mon père
m'avait appris à mettre les livres, certains d'entre
eux, à une hauteur considérable et je réclamais son
jugement littéraire. Quand l'actualité ou n'importe
quel snobisme offrait à un des romans ou livres
de sciences humaines qu'il publiait un succès inattendu, il évoquait un malentendu, comme si la
pureté de la littérature ou de la sociologie ou de la
philosophie était trahie par leur réussite commer-
ciale qu'il savourait pourtant à son exacte valeur,

comme si seules de mauvaises raisons détournaient
de leur élitisme immaculé de telles œuvres, que les
uniques bonnes raisons d'apprécier ces textes était
les siennes, de même que je pensais que c'était les
miennes.

Or tout le sujet de mon premier roman est un
père prostituant ses enfants, ceux-ci s'y soumettant de meilleure grâce, comme il s'agit de sexe
qui a souvent ses charmes, que s'ils étaient char-
gés de lui repriser ses chaussettes, activité jouissive en aucune circonstance. Mon père n'avait
aucun scrupule à m'utiliser – ma résistance quasi
inexistante ne le freinait pas – de sorte que, sans
que je m'en rende compte dans mon effrayant
abrutissement, mon roman mettait en cause un
fonctionnement qui dépassait de beaucoup celui
de mon appareil génital n'aspirant à aucune géni-
talité effective. Dans mon imagerie de la famille,
un père sert concrètement son fils, ce que le mien
avait fait en me donnant son nom que j'étais le
premier à estimer on ne peut plus respectable,
en intervenant pour moi avec une discrétion à
mon propre égard qui était une élégance et, ne
pourrais-je m'empêcher de penser ensuite, une
carte dans sa main en cas de tension, une éventuelle arme de dissuasion surgissant à l'improviste.
La réciprocité, quand elle m'apparut, me sembla
inégale, une tromperie, la façon dont il se servait
de moi affectant ma vie quotidienne, ma straté-

gie pour affronter le monde, mes raisonnements que j'avais crus personnels. Quelque chose en lui, ne serait-ce que cette façon de voir que je tenais de lui, s'obstinait à entacher sa propre générosité tandis que les circonstances rendaient celle de Michel éclatante. Revenant, des années après, sur le pseudonyme sous lequel était paru mon premier roman et dont il voulait que je signe encore le suivant, je voyais ça : mon père m'avait donné son nom puis me l'avait repris, étonné que ses volontés successives ne soient pas faites et ce nom béni plus aisément, Michel m'en avait offert un auquel je regrettais de ne pas avoir été fidèle de livre en livre, ainsi que mon père lui-même le souhaitait avec une telle insistance et une telle mauvaise raison qu'elle m'en avait détourné – il le voulait pour lui et la famille, j'aurais dû le vouloir pour moi.

Si Michel m'avait rencontré alors qu'il était en conversation avec le ministre devant lequel mon père m'avait snobé, j'étais persuadé que ce qui l'aurait amusé lui aurait été de snober le ministre en se précipitant vers moi, de faire peser pour le plaisir la grossièreté sur le pot de fer plutôt que sur le pot de terre. En vérité, j'étais tout autant persuadé que l'estime que mon père portait à ce ministre était factice, tributaire de l'assentiment du politicien à ses propres thèses, diagnostics et remèdes, de son utilité. Il n'admirait pas l'homme mais la fonction, n'admirait pas mais faisait avec. Il était le premier à placer les écrivains, et ceux qu'il publiait entre tous, bien au-dessus des hommes politiques et se considérait en quelque sorte comme l'intermédiaire, le porte-parole de ses auteurs auprès de ce monde interlope, rôle qui lui permettait d'exercer le pouvoir dont il était dépositaire en évitant que ses écrivains s'y salissent. Pour sa part, Michel, qui n'était pas romancier, n'avait besoin de personne pour faire savoir au pouvoir en place ce qu'il pensait de lui. De mon côté, quand le journalisme m'en fit côtoyer, je montrai pour les politiciens un respect sans enjeu, sans vérité, de pure commodité. M'étant retrouvé à devoir échanger quelques mots avec ce fameux ministre, dans ma timidité je n'avais rien trouvé de mieux à lui dire, comme il était bronzé, que : « Vous avez bonne mine. » À peine prononcée, je regrettai cette phrase, déjà misérable, à cause de son deuxième sens peu gratifiant. De façon inattendue, il me répondit : « Mais vous savez, je travaille beaucoup », et je n'eus pas de relations plus poussées avec cet univers. J'assumais d'être sur ce point à 100 % le fils de mon père : mon monde était les livres, et souvent aussi leurs auteurs.

Le premier long reportage que je fis pour *Le Nouvel Observateur* consista à passer une semaine à Hyères où se tenait un festival de cinéma dit d'avant-garde ou « différent ». J'étais excité d'une telle nouveauté et terrorisé de devoir me confronter à tant d'inconnus, je venais juste de rencontrer Michel, Gérard et Hervé et ne me sentais encore guère de taille à affronter des rapports humains. La chance voulut que, parmi les jurés du festival, il y ait à la fois Alain Robbe-Grillet et Marguerite Duras, me permettant de me sentir en terrain de connaissance. Je n'avais pas conscience de ma particularité qui diminuait ma timidité là où elle aurait au contraire dû la créer. Robbe-Grillet adorait se moquer du monde, et volontiers de moi, ce qui m'allait parce que j'y voyais, selon le mot qu'il employa dans une de ses dédicaces, une espèce de fraternité. Je sentais qu'il m'aimait bien, quand même, il y a souvent du respect dans l'humour, par nature partageur. Lorsque, Valéry Giscard d'Estaing président de la République ayant prétendu chez Bernard Pivot qu'il aurait bien voulu être Flaubert ou Maupassant, j'avais banalement dit que, s'il avait été Flaubert, ç'aurait été surprenant de le voir signer à la fois *Madame Bovary* et *Démocratie française*, livre que le président publiait à l'époque. À quoi Alain m'avait répondu : « Mais, s'il avait été Flaubert, peut-être n'aurait-il pas écrit *Madame Bovary* », et j'avais reçu ma part de son ironie, moi qui voulais déjà être écrivain sans que les effets en soient encore apparents. À Hyères, il me présenta à diverses personnes en disant que c'était la première fois que je sortais de

ma chambre, ayant passé jusqu'à présent toute ma
vie à lire. Je ne savais pas comment ça sautait à ce
point aux yeux mais c'était une de mes caractéristiques. Michel aussi riait quand il me parlait d'un
auteur et que je lui disais ne pas l'avoir lu, comme
si c'était une performance d'avoir déniché un tel
oiseau rare. Je ne me plaçais souvent pas bien haut
mais je constatais que mon appétit, ma boulimie
littéraire qui n'était pour moi qu'une sorte d'hédo-
nisme dont je n'aurais jamais pensé à me vanter,
suscitait un certain respect. J'avais pourtant le
même snobisme pour les lectures que pour les per-
sonnalités : ne pas dire que j'avais fait celles-là, que
je connaissais celles-ci. Je sympathisai avec une
flopée de festivaliers, ma semaine hyéroise fut un
pur bonheur. J'étais un évadé.

Après sa mort, parut une biographie d'Hervé
dans laquelle je tombai sur un passage où l'auteur
interrogeait mon père quant à son opinion sur lui,
et sa réponse était : « J'ai toujours eu du respect
pour les amis de Mathieu. » En découvrant cette
phrase, j'avais d'abord trouvé d'un ridicule disqua-
lifiant le livre que ce soit la seule que l'auteur ait
cru bon de mettre dans la bouche de mon père sur
le sujet, comme si c'était tout ce qu'il avait à dire
sur Hervé dont il avait publié sept livres au fil des
années. Mais Hervé était mort et ne lirait pas le
texte, ils ne s'étaient jamais réconciliés et mon père

n'avait pas pour les biographies (j'avais été contaminé par cette opinion) la considération qu'il offrait
aux œuvres littéraires. Ces mots m'étaient peut-
être destinés. J'avais en tout cas intérêt à le penser
parce que ça comptait pour moi. De même que
mes premières aventures homosexuelles m'avaient
été facilitées par le respect que Valérie avait pour
ses amants qui devenaient les miens, mon choix
étant ainsi cautionné, de même c'était plus simple
que mon père entérine celui de mes amis.

Hervé était arrivé aux éditions de Minuit par
mon intermédiaire, *via* la revue dont je m'occupais, et mon père prendrait soin, la première fois
qu'Hervé me confierait un manuscrit de livre proprement dit, de le refuser pour ne pas m'être tributaire, acceptant en définitive *L'Image fantôme* qui
lui serait parvenu par une autre voie. Cependant,
quelques mois plus tôt, il m'avait rapporté, évidemment pour que je le transmette moi-même, que
Sam avait lu dans la revue un texte d'Hervé qu'il
avait trouvé remarquable (« La Piqûre d'amour »).
Il n'y avait pas pour mon père plus grand compliment que compliment de Samuel Beckett et j'en
avais ma part à la fois en tant qu'éditeur du texte
et ami de l'auteur. C'était du respect qu'il me dis-
pensait.

Bien après sa mort, c'est ce mot qu'employa
un de ses auteurs favoris en m'expliquant qu'il
avait signé son premier contrat sans le lire, qu'il

lui avait semblé que mon père aurait eu moins de
respect pour lui s'il avait agi autrement. L'usage
professionnel était que le premier contrat engage
l'auteur pour cinq livres. C'était aussi ce que mon
père avait fait signer à Hervé mais, comme ses premiers textes relevaient tous de genres différents
(essai, roman, récit, livre de photos) qui tous justifiaient un contrat spécifique, celui-ci s'était trouvé
débiteur d'un nombre si extravagant de livres
quand il s'était fâché avec mon père que mon père
n'avait pu faire autrement que l'en délivrer. Même
moi, quand mon deuxième roman avait continué
à faire des histoires et que j'avais décidé d'aller
me faire éditer ailleurs – ce qui, du reste, s'était à
terme révélé judicieux aussi pour le réchauffement
de notre lien, mon père, que je ne dérangeais apparemment plus jamais, me demandant un livre par
la suite pour que je puisse en finir sereinement avec
cette étape de notre rapport –, je lui avais réclamé
de me rendre mon contrat de préférence pour me
garder de l'éventualité qu'il s'en serve afin d'exercer un chantage par la suite. Comme elle faisait
auprès d'Hervé, la méfiance de mon père engen-
drait ma suspicion. Je ne savais pas si sa manière
de signer le contrat avait donné plus de respect aux
yeux de mon père à cet auteur qui m'en parlait que
ne lui en avait valu son roman même, mais j'étais
persuadé que mon père le lui aurait fait payer s'il
avait tergiversé, qu'il aurait montré son implaca-

bilité monétaire si l'écrivain avait fait preuve d'un intérêt jugé malsain, presque antilittéraire, pour ces questions.

Pour moi, tout ce qui touchait à Hervé touchait en outre à Michel, parrain de notre relation dès avant son premier jour. Et naturellement que mon père avait du respect non seulement pour Michel mais pour le lien que je tissais avec lui et où il n'avait aucunement sa part, ainsi qu'il avait dû en ressentir pour le fait, auquel il avait contribué par sa réserve, que je reste ami d'Hervé après qu'ils se furent fâchés. J'avais construit mon trou où je pouvais vivre ma vie selon mes affections sans trahir personne. De Michel, mon père n'attendait pas que je me brouille avec si lui le faisait, comme ça s'était produit quand il s'était fâché avec ses parents pendant mon adolescence et que je n'avais pas vu mes grands-parents, de ma propre volonté naturellement, avec toute mon indépendance d'esprit, durant ces années, de Michel il aurait au contraire préféré devenir proche, puisque moi je l'étais, en tout cas l'éditeur, selon un processus inverse de l'habituel. Il aurait préféré mais, lui qui savait si bien peser, ne pesa jamais sur moi pour cela. « Il exagère », avait fini par dire Michel à un moment, quand je le tenais au courant heure par heure de mes démêlés éditoriaux-familiaux au sujet des manuscrits de mes deux premiers romans et c'était en effet une rançon de la passion de mon père qu'il

exagérait souvent, ayant perpétuellement un but,
une solution en tête. Avec Michel, il n'exagéra pas
une seconde durant toutes ces années, jamais d'un
mot – par noblesse et par intelligence, respect et
conscience acérée des rapports de forces.

# CES ANNÉES-CI

Un jour qu'on parlait de Napoléon et des carnages qu'il avait provoqués, j'avais dit à Michel, l'amusant de mon peu de sens historique, que, de toute façon, tous ces êtres seraient morts, maintenant. Il n'y aurait pas eu le sida ni le cancer que Michel et mon père seraient peut-être tout aussi disparus aujourd'hui. Cette époque est morte même si d'autres êtres sont jeunes.

J'avais répondu ainsi pour les soldats de Napoléon parce que je ne voyais qu'une posture à feindre de se solidariser avec ces victimes, manifester par des mots des bons sentiments évidents n'engageant à rien. La solidarité est autre chose. Cela me renvoie à une ancienne repartie de Bernardo, après la mort d'Hervé, sept ans et demi après celle de Michel, quand on parlait des victimes du sida et qu'il m'a dit que j'en étais une. À mes yeux, c'était obscène : les victimes du sida, c'étaient les malades, les morts, pas ceux qui les aimaient. J'aurais usurpé de la compassion en prétendant à ce titre et il faut être Napoléon pour mériter d'être un usurpateur. J'avais été amené par mon éducation à estimer que tout était dû à mon père, seules ma conviction et mon affection me persuadaient que tout l'était à Michel.

Pareil pour écrivain. Moi qui me suis toujours intimement défini comme tel, me suffisait de le savoir sans prétendre en convaincre les autres par ma conversation avant même d'avoir écrit. Qu'on me laisse la pratiquer est ce que je réclame en premier à l'écriture. Michel m'a dit une fois que, au contraire de moi, Hervé mourrait s'il ne pouvait pas écrire, et il ne mettait rien de sacré, de décisif dans cette constatation, lui-même persuadé qu'il aurait pu avoir une autre vie. Plus tard, j'ai été frappé qu'Hervé déclare qu'il deviendrait fou, qu'il assassinerait quelqu'un s'il n'écrivait pas. Moi, peut-être serais-je devenu fou, si je ne l'étais déjà, mais jamais je ne le dirais. Je suis fou quand j'écris.

*

Je reçois au journal un gros livre inconnu dont l'organisation en formes brèves, en fables à la morale douteuse, ainsi que les premières lignes et le titre, *Sublimes paroles et idioties de Nasr Eddin Hodja*, m'attirent si bien que je le lis avec plaisir et presque fascination. C'est un recueil d'anecdotes très anciennes autour d'une figure légendaire du monde musulman qui me fait penser à des histoires juives. Je l'aurais prêté à mon père si c'était encore possible, confiant que ça l'amuserait. Mon texte préféré, parmi les centaines que contient le volume, s'appelle « L'essence de mon enseignement ». Ce rusé crétin malhonnête et sympathique de Nasr Eddin donne un cours à de jeunes élèves lorsque le père de l'un d'eux vient lui offrir une assiette de baklavas. Un instant plus tard, le maître est appelé à l'extérieur. De crainte qu'on ne les lui mange pendant son absence, il met en garde les enfants contre les friandises qu'il prétend empoisonnées. À peine est-il sorti que les gâteaux sont cependant dévorés. Et lorsque Nasr Eddin revient, c'est un spectacle désolant : il ne reste plus le moindre baklava, son encrier de porcelaine est en mille morceaux et les enfants se tordent de douleur. Il les prend à partie jusqu'à ce que vienne la réponse des élèves. « – Ô maître ! réussit à dire l'un d'eux dans un râle de douleur, ne parle pas durement. Nous avons été si confus d'avoir cassé ton encrier que nous nous sommes tous suicidés en mangeant les gâteaux empoisonnés.

– Ah ! relevez-vous, chers enfants. Je vous félicite d'avoir si bien compris l'essence de mon enseignement. »

La nuit où je rencontre Corentin, fin 2004, tout se passe merveilleusement, dans le bar puis à la maison. On ne dort pas une seconde – ça fait des années que ça ne m'est pas arrivé –, on s'aime et on parle. Curieusement, on en arrive à évoquer la psychanalyse. Je lui dis que je n'en suis pas familier, que la seule chose que je sache vraiment à son sujet est que j'ai eu un ami qui avait de bonnes raisons de prétendre qu'il ne fallait jamais être amoureux d'un garçon en analyse. « Je fais une analyse », me répond-il en souriant. Et je l'embrasse en souriant également parce que, évidemment, ça n'a aucune importance, c'est juste une règle de vie comme ça qui n'a pas à s'affronter aux circonstances. L'ami, c'était Michel et, quoique n'ayant pas la moindre raison de le comparer en quoi que ce soit à Nasr Eddin Hodja, je me sens fidèle à son enseignement qu'il n'a jamais présenté comme tel en ne le respectant pas. Lui aussi sourirait.

Avant de connaître Michel, j'avais essayé en une occasion d'entreprendre une psychanalyse mais le type ne m'avait pas suffisamment plu pour que j'y retourne. Je le lui avais raconté en ajoutant que j'étais gêné dans ma carrière analytique par l'argent que ça coûtait et Michel avait trouvé ça un excellent mobile pour y renoncer. À quoi je lui avais répondu à mon tour que, ayant trouvé qu'il m'avait fallu du courage pour me tourner vers elle, j'avais eu du mal à estimer également courageux de m'en détourner illico. Chaque psy que je rencontrai quand même ensuite me dissuada de m'y mettre, prétextant que je n'en avais pas besoin, et je m'en voulais à chaque fois de mon habileté à le duper. Alors que mon père était encore vivant, je ne pus cependant faire autrement, vu mon état, que rencontrer une psychanalyste recommandée par Bernardo et qui me convint. Elle aussi m'affirma qu'une cure ne m'était pas nécessaire mais qu'elle serait disponible pour moi chaque fois que je le souhaiterais. Une semaine après mon deuxième rendez-vous, je tombai dans *Le Monde* sur un article annonçant sa disparition. Je reçus cette mort comme un pressentiment, mais pas léger, ambigu, résultat d'une interprétation toute personnelle comme ils peuvent être – un pressentiment massif, à coup de cadavre, où se mêlaient superstition, science et magie : basta pour moi, la psychanalyse.

Elle aurait pourtant sans doute eu son mot à dire sur l'épidémie de morts que je comptai un temps autour de moi, quoique aucune « mort de l'ami » n'ait acquis la célébrité de la fameuse « mort du père ». Il y eut une période où ma tristesse prit l'aspect d'une malédiction comme si, sinistre roi Midas, tous ceux que j'approchais mouraient, comme si j'étais doté malgré moi d'un pouvoir maléfique, que je ne survivais au milieu du carnage qu'à ce prix. Ce sentiment atteignit son apogée à la mort de mon grand-père, pourtant la moins scandaleuse. Il était vieux et son cancer avait fini par l'éteindre. Mais sa mort suivit de quelques semaines celle d'Hervé à laquelle son aspect attendu et en définitive souhaitable n'avait rien retiré de son caractère épouvantable et un accablement me saisit à la perspective de devoir me rendre chaque mois au cimetière pour un proche. Ce n'était pas ce que j'attendais de la vie. En outre, je venais de rencontrer Rachid. J'en étais déjà fou, j'aurais voulu qu'il m'accompagne à l'enterrement. C'était impossible pour diverses raisons : parce qu'il était rentré au Maroc, ce qui en était une suffisante, mais aussi parce que c'était un garçon, qu'il était maghrébin et avait quinze ans de moins que moi. N'importe lequel de mes cousins aurait pu venir avec sa copine mais pas moi avec lui et ça m'énervait alors même que ça ne se posait pas et que ça ne se passait que dans ma tête. J'imaginais que tout le monde m'aurait regardé d'un drôle d'air, sans compter ce qu'aurait pu ressentir Rachid de se trouver là, et que mon père, sans expliciter son sentiment personnel, juste mécontent que son fils ait fait mauvaise impression, m'aurait reproché en arbitre impartial de ne pas avoir tenu compte de cette prévisible réaction.

Quelques années après sa mort, je pensai que viendrait un moment où le temps écoulé depuis la perte de Michel serait supérieur à celui durant lequel je l'aurais connu et cette pensée a resurgi régulièrement. Quand Hervé mourut, ce jour était déjà arrivé. Et un autre jour est venu qui fait que même Hervé, il y a plus longtemps qu'il est mort que de temps où nous avons été si proches. Avec

mon père, évidemment, ça n'est pas près de se produire (si, un jour, je deviens quasi centenaire). Les
six ans passés auprès de Michel représentent, en
pourcentage, une part de plus en plus infime de
mon existence qui augmente cependant sans cesse
dans le plus sincère de mon imagination. Comparer des années à des années, c'est additionner des
tomates et des poireaux, ça n'a rien à voir avec la
mathématique de l'existence. Mais les chiffres me
fascinent.

Cette première nuit, je m'informe sur lui et
Corentin m'apprend qu'il prépare l'École normale
supérieure, section philosophie. Je l'interroge sur
les philosophes contemporains – contemporains
pour moi, il y a plus de vingt ans que Michel est
mort – et il me répond ne pas bien les connaître,
excepté Foucault dont la lecture lui fait un bien fou.
Ce garçon me semble de mieux en mieux. Je suis
frappé de sa jeunesse. Je lui demande son âge, puis,
à la suite de cette première réponse, sa date de naissance précise. Il s'avère qu'il est né après la mort de
Michel. Je calcule vite que la différence d'âge entre
nous est la même qu'entre Michel et moi.

Au plus fort de mon affection pour Michel
vivant, j'avais espéré que, lorsque j'aurais son
âge, il y aurait quelqu'un de l'âge que j'avais alors
pour m'aimer autant et m'être aussi dévoué que
moi envers lui. Mais c'était une imagination qui

se projetait dans un si lointain avenir que jamais je ne l'ai attendu pour de bon, comme une réalité. C'était surtout une manière de me complaire dans ma relation avec Michel, de me repaître de sa qualité, une masturbation sentimentale. Si bien que, lorsque je me rends compte de mon différentiel d'âge précis avec Corentin, en réalité, ça ne m'évoque pas du tout Michel et moi : il y aurait trop de prétention et trop peu de vraisemblance à ce que je puisse m'identifier à lui, ne serait-ce que sur ce point. Ça m'apparaît plutôt comme une coïncidence, une anecdote qui fait d'autant moins sens que j'ignore quel sera le futur de mon lien avec Corentin avec qui je suis seulement en train de passer une mémorable nuit, même si j'ai tout de suite l'impression que ça débouchera sur autre chose. Mais ce qui m'habite implicitement est que la différence d'âge n'a aucune influence néfaste, qu'il n'y a pas à la redouter. Je suis confiant dans une telle relation, je sais que ça fonctionne. Telle est une des leçons que j'ai retenues de Michel, de Michel et moi en fait, et qui m'est même devenue si naturelle qu'il me faut la distance de l'écriture pour prendre conscience que j'aurais pu penser autrement.

Un an après notre rencontre, Corentin et moi partons pour une semaine de vacances à l'étranger. Le lendemain de notre arrivée, sans doute me suis-je levé pour pisser durant la nuit car je reprends connaissance sur le sol des toilettes. Depuis l'ado-

lescence, j'ai une tension trop basse qui me vaut
d'assez nombreux évanouissements de sorte que je
ne m'inquiète pas et vais me recoucher. Au bout de
quelques minutes, je ne me sens toujours pas trop
bien et, dès qu'il ouvre un œil, je raconte à Corentin ce qui vient d'arriver et lui demande qu'on aille
vite prendre le petit déjeuner qu'on doit commencer à servir et qui me donnera quelques forces.
Mais je me retrouve mal durant ce petit déjeuner.
Corentin me ramène à ma chambre où arrive rapidement le médecin de l'hôtel. Apprenant mon nom,
il me demande si je suis de la famille non de mon
père mais de l'acteur et, moi qui élude habituellement ce genre de question, je réponds précisément
qu'il est mon cousin germain. Je dois être inquiet
pour tâcher de m'assurer ainsi qu'on prenne soin
de moi au mieux. Puis, alors que ma tension est en
fait normale, je me re-évanouis, avec en outre de
spectaculaires spasmes apprendrai-je, si bien que
le médecin me fait immédiatement transférer dans
une clinique. Le trajet est épouvantable, je ne me
rends pas compte que je perds sans cesse connaissance, que je suis, comme me dira Corentin, à proprement parler inaccessible, glacé et inaccessible, et
je suis juste rassuré, dans un moment de conscience,
d'avoir changé une partie de mon testament depuis
que j'ai rencontré Corentin. Je lui donne le code
de mon téléphone, qu'il puisse appeler Rachid et
Gérard au cas où. Il me dira après dans quel état

d'angoisse il était mais, sur le moment, je n'en ressens aucune venant de lui, sa présence ne fait que m'apaiser – c'est l'exact contraire de moi avec Michel lors du dernier acide.

À la clinique, il s'avère au bout de vingt-quatre heures que si ma survie est miraculeuse jusqu'à présent, elle tient pour la suite à une opération fort simple qui se passe parfaitement de sorte que je suis tiré d'affaire le matin suivant. Quand je réintègre ma chambre après une journée en salle de réveil, j'appelle Rachid. Depuis que je l'ai rencontré, quand il vivait au Maroc, je lui téléphone tous les jours. Au début, j'avais peur de peser sur lui en agissant ainsi mais, une fois, il m'a dit que ça lui ferait quelque chose quand il n'y aurait plus mon coup de fil quotidien à Marrakech. Je ne l'ai exceptionnellement pas appelé la veille : ça ne servait à rien de l'inquiéter en lui annonçant mon opération alors qu'il me faudrait des heures pour être en état de donner des nouvelles ensuite. Donc je lui déballe tout d'un coup, que j'ai failli mourir et que me revoilà comme le Pont-Neuf. Moi, je suis encore dans le coaltar mais rassuré. Tandis que lui doit passer à vitesse accélérée par les états que j'ai traversés et, à la toute fin de mon bref récit, j'entends qu'il est encore bouleversé par son milieu. Sa mère est morte, certes, mais sans qu'il l'ait connue. C'est un drame d'un autre ordre. Il ne sait pas encore que peuvent mourir même les êtres qu'on aime le

mieux et desquels on prend le plus grand soin. Ça
ne s'apprend que sur le tas.

Un infirmier m'accompagne, quand je quitte
la salle de réveil et, devant les autres infirmières,
m'offre une espèce de compartiment à glaçons
pour médicaments, avec trois petits casiers matin,
midi et soir répétés dix fois. Je remercie alors que
les autres rient. Le chirurgien m'avait dit que je
n'aurais aucun traitement après l'opération de sorte
que, dans mon abrutissement, je ne me demande
qu'ensuite si cet infirmier qui semble un bellâtre
ne se conduit pas ainsi par malveillance, comme
si la présence de Corentin auprès de moi – son
sexe semblable, son âge différent, ou les deux – faisait de moi une personne antipathique, à bizuter.
Ça ne me vient à l'esprit, par inversion des sentiments, qu'après qu'une amie, par miracle elle aussi
en vacances sur place, me raconte que le médecin
lui a demandé avant l'opération si Corentin était
mon fils. « Non », répond-elle. Est-ce son petit ami ?
demande-t-il alors. « Oui », répond-elle. « Il a l'air
de l'aimer beaucoup. C'est bien », dit le médecin.
Ce dialogue me touche, cette indiscrétion bien-
veillante. Corentin me dit aussi qu'il attendait dans
le couloir pendant l'opération et que, à peine celle-
ci terminée, le médecin est venu lui dire que tout
s'est bien passé d'une façon qui n'est pas du tout
celle qu'il aurait eue avec un fils. L'infirmier est un
moindre mal. Je suis heureux que cette aventure

me soit arrivée à l'étranger, loin de toute bureau-
cratie. Je pense à Michel, parce que tout ce qui a
trait à la mort me fait penser à lui. À mon père,
parce que j'ai toujours en tête la phrase que Proust
répète dans sa correspondance après la mort de sa
mère, que la seule chose qui l'en console un peu est
que ça évite à sa mère de lui survivre à lui. Je sors
euphorique de ce voyage où j'ai gagné avec Corentin une intimité plus forte que celle que même le
plus violent acide peut offrir. Ce n'est pas comme
survivre à une épidémie, c'est de ma mort à moi
tout seul qu'il s'agissait.

Je ne fais plus de long voyage jusqu'à ce que,
récemment, je parte pour l'Égypte avec Corentin.
À notre arrivée à l'hôtel, le premier soir, le récep-
tionniste semble surpris et dit quelques mots en
arabe au téléphone. Nous relions ce fait à celui que
nous ne sommes pas dans la chambre depuis une
minute que surgissent deux hommes avec un lit
pour une personne qu'ils installent à distance du
grand et jusqu'alors unique lit. Ça ne nous fait pas
rire. Jamais une telle situation ne s'est produite avec
Rachid, est-ce parce qu'il a une quinzaine d'années
de plus que Corentin ou simplement que le Maroc
n'est pas l'Égypte? Nous sommes déconcertés. Je
ne me sens pas de faire du militantisme, je subis,
donnant le pourboire attendu aux deux hommes
qui sont loin de le mériter à mes yeux. Après tout,

il nous suffit de ne pas faire d'autre histoire que de ne pas dormir dans le petit lit. Le lendemain après-midi, le téléphone sonne quand nous sommes seuls dans la chambre et ça raccroche lorsque je réponds, flattant notre paranoïa, comme si tout était bon pour nous empêcher de faire l'amour. Je m'imagine que si Corentin et moi portions le même nom, s'il pouvait y avoir le soupçon que j'étais son père, le personnel de l'hôtel serait moins regardant. N'importe quel enfant est un visa pour la vie sociale, la paternité écarte les mauvaises mœurs.

À croire que je me pose soudain cette question : quel père suis-je, moi qui n'ai pas d'enfant ? Comme si, parfois, je lâchais prise sous l'assaut des conventions, que, malgré une sexualité alors au moins sous-entendue incestueuse, une relation entre deux êtres séparés par des flopées d'années mettait nécessairement la paternité en jeu. Pas une seconde ça ne m'a effleuré du vivant de Michel, je l'aimais comme Michel, aucunement comme un père : jamais je n'ai eu envers lui la moindre jalousie ni la moindre aigreur, la moindre exaspération, ce que personne n'est en droit d'attendre du meilleur fils ni du meilleur amoureux.

\*

Je vois sur Google que la réplique de *Fin de partie* « Rien n'est plus drôle que le malheur » est maintenant un sujet de dissertation. Quand j'étais petit, c'était un aphorisme joyeux à la maison dont mon frère et moi goûtions le sel quand les Beckett venaient dîner. On avait remarqué qu'il y avait toujours un moment dans la conversation où le registre n'était plus celui de la gaieté et où Suzanne et Sam évoquaient diverses catastrophes immanquablement survenues, par exemple la mort de l'acteur qui avait créé tel rôle beckettien à Londres ou celle d'un directeur de théâtre qui avait le premier accueilli telle pièce à New York ou Berlin. Nos parents se solidarisaient avec l'air éploré de rigueur et mon frère et moi, heureux et fiers de voir nos pronostics confirmés, étions à deux doigts d'avoir un fou rire dont nous savions le mauvais goût, ainsi que cela risque toujours de m'arriver, adulte, dans un cimetière.

Depuis que je connais Rachid, dès que je lui annonce une mort dans mon entourage pas trop proche, il sourit. La première fois, ça m'a surpris mais déjà pas choqué. Aucune malveillance dans son sourire, aucune satire. Il constate seulement l'inadéquation entre le drame qu'est la mort et la peine somme toute supportable que me vaut celle-ci, de même qu'il pourrait tiquer en entendant les mots « Je t'aime » dits avec désinvolture ou stratégie. Il est tellement dans la vérité des relations que tout écart lui est un accroc.

Depuis que je le connais, aussi, je redoute par-dessus tout la mort de son père. Je craignais celle de

Hassan II et les conséquences qu'elle pourrait avoir pour lui au Maroc et j'avais tort. Mais le père de Rachid est une figure merveilleuse, magnifique et magique. Je ne l'ai jamais rencontré, il apparaît seulement parfois dans sa conversation et souvent dans ses livres. Il y a quelques années, Rachid m'a dit : « Tu es comme mon père : tu ne veux que mon bien » et ça m'a ému. La comparaison était ponctuelle, nous savons tous les deux à quel point notre lien n'est pas celui d'un père et d'un fils. Mais rien d'ambivalent n'apparaît dans ses sentiments à l'égard de son père, toute bassesse, toute aigreur semble étrangère à cette relation. Il n'y a pas qu'à mes yeux que Rachid a su en faire un tel personnage. Il raconte dans *Ce qui reste* une scène qui m'avait déjà bouleversé quand il me l'avait racontée de vive voix. « Tu viens de m'appeler, "Rachid, mon fils, viens manger", j'aime quand tu me dis "Mon fils", je sens immédiatement un souffle sortant de moi comme une libération. C'est fou, je sais que je te mettrai mal à l'aise en te racontant qu'il n'y a pas si longtemps encore, un lecteur d'environ vingt-cinq ans m'a arrêté dans un centre commercial à Paris, parce qu'il m'a reconnu, et il m'a dit : "C'est toi Rachid O. ? Est-ce que ton père va bien ? Je voulais juste savoir ça, voilà, merci." J'ai fait un arrêt, je me suis caché sous un escalator pour pleurer sans qu'on me voie parce que quelque chose de chaud a ruisselé en moi, et à quoi je ne m'attendais pas du tout. » Le père et le fils me mettent les larmes aux yeux dans cet échange. J'aurais tellement aimé qu'on ait pu me poser la même question dans les mêmes circonstances, avoir créé par la littérature tant d'affection pour un être vivant. Ce doit être un bonheur d'avoir accouché de son propre père.

Il y a quelques semaines, alors que j'ignore ce que sa famille sait de moi, Rachid, sans préciser son propre récit dont la bienveillance me touche cependant à l'énoncé de la phrase qui lui répond, me répète ce que lui a dit son père à mon sujet : « Il est plus vieux que toi. Il faudra que tu sois là quand il aura besoin de toi. » C'est une bénédiction dans laquelle je suis inclus.

Mais il ne va plus bien du tout, le père de Rachid. Il vient de mourir brutalement. Rachid m'appelle pour me dire qu'il rentre de l'enterrement, ayant juste eu le temps de partir pour le Maroc voir encore son père vivant, mais dans quel état, à son arrivée. Sa douleur fait peine à entendre. Je m'en veux de mon désarroi, il ne me téléphone pas pour que je partage sa souffrance mais que je tâche de l'en consoler un iota. Mais son père est mort, je n'ai rien à dire parce que je me sens tenu à l'honnê-teté, parce que je me sens écrasé par solidarité, par contiguïté, par amour qui est un si bon conducteur de la douleur, la transmettant à la vitesse de l'élec-tricité. Mon imagination ne me sert à rien. Oui, les êtres qu'on aime meurent et ils ne ressuscitent pas. La réalité est terrifiante. On finit toujours par manquer de l'humour adéquat pour goûter le malheur à son injuste drôlerie.

Quand il rentre à Paris et que je lui parle en direct, quand j'emploie les mots « la mort de ton père », dans sa tristesse il sourit encore. Parce qu'autant que j'aime Rachid et que j'ai aimé mon père, c'est la mort de son père à lui. Quelle que soit la mienne, sa souffrance m'est inaccessible. Je suis désarmé. Une peur me lie à lui depuis toujours, une peur qui est l'amour. C'était pareil pour mon père et Michel, ça l'est aussi pour Corentin et Gérard : la crainte – la terreur – de ne pas pouvoir empêcher que le malheur s'attaque à l'aimé. Comme si je ne profitais pas de ne pas être le père de ceux que j'aime, de n'être pour rien, physiologiquement parlant, dans leur existence, et que j'intégrais malgré moi le mauvais côté de la paternité, une responsabilité qui braque, qui angoisse et dénature. Il me faut l'aide de l'autre pour m'en tirer.

Il se trouve que Corentin non plus n'est pas trop en forme, ces temps-ci – Corentin est un jeune homme. Il ne sait pas comment organiser sa vie, quoi en faire. Il a peur que ses études ne servent à rien qu'à lui gâcher le présent, le type qui lui sous-loue une chambre se conduit mal et il doit déménager précipitamment, son intelligence ne lui facilite pas toujours l'existence, il n'imagine pas encore quel travail lui permettra de gagner sa vie sans lui peser affreusement. Il a le sentiment que rien ne l'attache,

que tout s'échappe. Et j'ai beau me démener pour
lui faire changer d'état d'esprit, je reste désarçonné
quand il faut affronter l'entêté fait qu'il est parfois
découragé alors que mon désarroi et l'énervement
qu'il me provoque ne peut que l'enfoncer encore.
« Ce n'est pas un drame d'être déprimé », me dit-il
un soir avec un rire qui me contamine. De ce jour,
tout est plus simple. L'écouter, le laisser parler sans
pression est déjà quelque chose, comme que je sois
là, avec ces sentiments-là, n'était pas rien pour
Michel. En tant que jeune ou en tant que vieux,
entre deux êtres que sépare une importante différence d'âge, c'est toujours moi qu'on enseigne. Je
suis le héros d'un roman d'apprentissage perpétuel,
de rééducation permanente.

    Rachid et Corentin, je perçois leur clair-
voyance efficace comme un lien générationnel car
c'est la norme que le plus jeune comprenne que tel
comportement n'est pas justifié par la morale mais
par les obsessions et caractéristiques des plus âgés,
et se sente tenu (ou non) de faire avec, protégeant
ses aînés comme j'ai eu cent fois le sentiment de le
faire. Je n'étais pas ainsi avec Michel. J'aurais voulu
qu'il connaisse Rachid et Corentin aussi pour les
aider, qu'il fasse mieux que moi. Bien sûr qu'il ne
suffit pas d'avoir vieilli pour être comme lui, il faudrait être lui. Et pourtant, j'ai le sentiment que
Rachid et Corentin et même moi sommes dans la
droite ligne de l'enseignement qu'on peut tirer de

*L'Usage des plaisirs* et du *Souci de soi*, les deux livres parus quelques jours avant la mort de Michel et sur lesquels il a tant travaillé, Corentin en les ayant lus et Rachid sans. J'aime la façon dont l'un et l'autre m'écoutent quand je parviens à leur parler de lui. J'aurais voulu être capable de répéter l'enseignement de Michel, j'ai été atterré de croire ça au-dessus de mes forces, et c'est comme si une part de cet enseignement se répétait de soi-même, mécaniquement, de même que Michel m'a souvent laissé penser que, dans une psychanalyse, la qualité de l'analyste était secondaire par rapport au processus même. Michel et mon père m'ont chacun transmis une façon d'aimer, non? Chacun deux : il y a la manière dont on aime et celle dont on est aimé.

Parfois, quelqu'un évoque devant moi sa relation avec mon père d'une manière qui lui semble flatteuse et dont il n'a pourtant, selon mon analyse de son propre récit, guère de raison de se vanter. Cela me met mal à l'aise sans que j'intervienne : ce n'est pas à moi de mettre fin à des malentendus que mon père a volontairement laissés prospérer, de corriger fût-ce post mortem sa stratégie. Un jour que quelqu'un qui n'avait pas rencontré Michel trois fois me révéla avoir parlé avec lui de mon père et de moi, jugeant m'apporter une information flatteuse, ça me frappa comme une grossièreté mais je ne dis rien non plus. Au demeurant, je vois bien

que personne que moi ne me demande d'être fidèle
à Michel alors que, mon père, ne pas en déshono-
rer le nom est mon affaire publique. À dix, vingt,
quarante-cinq ou cinquante-cinq ans, j'ai toujours
été fils, tandis que Michel n'aurait jamais été cet
ami pour un gamin de huit ans. Or telle est la paternité : avoir déjà aimé l'enfant, l'avoir eu à sa merci.

« Que vaudrait l'acharnement du savoir s'il ne
devait assurer que l'acquisition des connaissances
et non pas, d'une certaine façon et autant que faire
se peut, l'égarement de celui qui connaît ? Il y a des
moments dans la vie où la question de savoir si on
peut penser autrement qu'on ne pense et percevoir autrement qu'on ne voit est indispensable pour
continuer à regarder ou à réfléchir », a écrit Michel
en introduction de cet *Usage des plaisirs* dont l'écriture fut contemporaine de notre relation. Et je me
souviens comme j'avais été frappé, bien avant de
le connaître, par cette phrase de l'introduction des
*Mots et les Choses* où il commente le rire naissant
d'une classification extravagante dans un texte de
Jorge Luis Borges : « l'impossibilité nue de penser
*cela* ». Penser autrement, c'était aussi, en plus de ces
moments passés avec nous, ce qu'il cherchait dans
l'acide. Par incompétence philosophique, Hervé et
moi, qui n'avions suivi aucune étude en la matière,
étions plus susceptibles de l'aider, lui faisant apercevoir par hasard, ignorance ou fantaisie de nouvelles pistes, que ceux qui avaient une formation plus

comparable à la sienne et juste une intelligence et un courage moindres. C'est pourquoi aussi m'est apparue une évidence, que j'ai aimé voir partagée par Daniel, que Rachid et ses livres lui auraient tellement plu. Vivre, c'est vivre autrement.

Le legs de Michel, c'est cette possibilité de créer des relations inimaginables et de les cumuler sans que la simultanéité soit un problème. D'un côté, rien ne m'émeut autant que la fidélité; d'un autre, elle me paraît une immorale paresse. Michel s'amusait que les *mil e tre* partenaires qui rendaient si monstrueux Don Juan étaient atteints en trois ans par n'importe quel pédé sortant tous les soirs. Il m'arrive de trouver l'exigence de fidélité sexuelle une honte.

★

Je n'ai pu voir qu'adolescent la plupart des longs métrages de Charlie Chaplin dont un problème de droits interdisait la projection durant mon enfance. Je me souviens d'un des premiers à être reprogrammé où Charlot rentre chez lui, ouvre la porte et reçoit une poutre sur la tête. Trois, cinq fois la scène se produit, parce qu'à chaque fois Charlot a l'esprit ailleurs en poussant cette porte, jusqu'au moment où il fait attention mais ça ne change rien. Il a beau ouvrir sa porte précautionneusement, il prend quand même la poutre sur la tête. J'ai adoré ce gag. Le lendemain, comme le film avait été invisible pendant des années, *Le Journal du dimanche* demandait leurs réactions à de jeunes spectateurs et l'une disait comme le film lui avait semblé admirable, à l'exception toutefois du gag de la poutre jugé répétitif. En bon adolescent, j'avais été flatté de mon goût si original.

Plus tard, j'avais tiré de cette scène une espèce de métaphore. Pour moi, l'essence du gag repose sur l'importance que le spectateur attache à la distraction de Charlot, sa manière de ne pas se souvenir du risque de la poutre. Pourtant, quand il pousse tout petit à tout petit la porte, parce que justement il se rappelle le danger, la poutre ne lui tombe pas moins sur la gueule, parce que sa chute ne dépend pas de l'attention que Charlot lui prête mais de l'angle de la porte qui s'ouvre. Quand elle dépasse ce qui est acceptable ne serait-ce que d'un demi-degré, la poutre s'effondre, que Charlot s'en préoccupe ou non. Lorsque j'étais jeune, je trouvais que j'étais intelligent. Puis je me suis rendu compte que j'étais bête, aussi, mais cette constatation m'a paru un signe d'intelligence. Puis je n'ai pu faire autrement que découvrir que quand j'étais bête, j'étais bête, le savoir n'y changeait rien.

Je suis nécrophile : je persiste à aimer des morts. Tel l'adolescent masturbateur, je ne peux pas m'en empêcher. La nécrophilie n'est pas un vice sexuel mais une affection affectueuse. Ce que je finis par m'accaparer par ce livre, ce sont mes propres amours. J'ai eu la chance, quand j'étais très jeune, que la mort des êtres aimés reste dans l'au-delà, celui de mon existence. Puis j'ai dû l'affronter, celle de Michel fut une poutre d'une ampleur inconnue qui me dévasta le crâne et tout le corps. Je suis parvenu à m'y acclimater. La mort ne manque pas de douceur, aussi, quand elle a vieilli. Mais chacun sait que, au hasard d'un souvenir ou d'une association, elle resurgit dans toute sa crudité. La dernière fois que je passe rue de Vaugirard avant de sortir dîner avec Daniel, un bruit déplaisant ne cesse pas durant toute ma visite. Lorsque je finis par lui en parler, il m'explique que c'est l'ascenseur qui a été refait, entraînant ce défaut auquel le syndic ne se presse pas de remédier. Une tristesse ridicule me noie à l'idée que l'ancien coin Mahler est mort pour mille raisons, et en plus celle-là.

J'aurais voulu écrire ce livre de telle sorte que Michel et mon père puissent le lire avec émotion, si ce n'est qu'il est fondé sur leur impossibilité nue à faire cela avec quelque sentiment que ce soit – c'est impensable. Ça m'évoque la sinistre blague Carambar du maître d'un chien adoré maintenant mort qui, face aux os du cadavre, regrette que son chien ne puisse même pas s'en régaler : à un moment ou à un autre, c'est l'histoire de tout amour.

# TABLE

LES LARMES AUX YEUX       7

RENCONTRES       27

RUE DE VAUGIRARD       65

EUX       169

CES ANNÉES-CI       287

Achevé d'imprimer en novembre 2011
dans les ateliers de Normandie Roto Impression s.a.s.
à Lonrai (Orne)
N° d'éditeur : 2197
N° d'édition : 240599
N° d'imprimeur : 114194
Dépôt légal : janvier 2011

*Imprimé en France*